「発問―応答」型から

授業革命

「参加―構成」型へ

服部英雄

東洋館出版社

はじめに

「授業に発問は、それほど重要ではない。発問がなくても授業は成立する」と言ったら、読者の方々はどのように思われるだろうか。きっと、「そんな馬鹿な。発問のない授業なんて考えられない」のような反応が返ってくるだろう。確かに、発問は、教育技術の基礎であり、子どもの学びに不可欠のように捉えられていることが多い。授業を展開するのに発問の流れを考えたり、主発問や補助発問で授業を構想したりする。

しかし、本当にそれほど重要なのだろうか。もちろん、発問を全くしないというわけではなく、必要な時もある。ただ、その発問に応えている子どもたちの姿は、自主的、対話的とは言えない。なぜなら、子どもたちは、教師に問われないと考えないからである。また、問いかけの主が教師であるため、子どもたちは教師に向かって応答する。教師と子どもの対話になりがちなのである。

仮に、授業で子どもたちが活発に思考し、発言するような発問ができたとしよう。その発問が、他の授業や教科に活用できるだろうか。それもなかなか困難だろう。授業や教科によって学習する内容が異なり、子どもたちの学びを促すための発問は、その都度異なるからである。

それよりは、子どもたちの反応が予想と違っていたり期待外れだったりすることの方が気になる。参観日や研究授業などで、用意していた発問に子どもたちが反応せず、反応しないからさらに発問し、どんどん教室の空気が重くなる、そんな経験をした教師も少なくないはずである。そんな時、真面目な教師は、自らを反省する。今日の発問は何がよくなかったのだろうかと。

もちろん、授業に対する自省的な態度は、とても重要である。しかし、自ら振り返る点は、発問だけではない。なぜなら、授業の中では、子どもたちの意欲や態度、学習内容への興味や難易度、学習集団や教師との関係、学習環境との関係など、様々な要素が絡み合っているからだ。特に、様々な関係性やかかわりに着目することで、新たな授業観を確立することができる。

以上のような発問と、それに応答する子どもたちで展開される授業を「発問―応答」型と呼んでいる。そして、この「発問―応答」型ばかりの授業を展開していては、教師と子どもの対話となるという問題だけでなく、様々な問題を生じさせるのである。

そこで、それらの問題を解決し、子どもたちの自主的で子ども同士の対話的な授業を展開するために、今回、「参加―構成」型の授業を提案する。子どもたちが自ら授業に参加し、対話を行う。そして、教師は、それらを組み立て、組み上げて授業を構成していく。「発問―応答」型が、教師の発問が先にあって、それに応答する子どもがいる授業であるのに対して、「参加―構成」型は、先に子どもの授業への参加があって、それらを後に教師が構成していくという、「はじめに子どもありき」の授業なのである。その意味からも、「参加―構成」型の授業が、子どもたちの自主的で対話的な授業であると分かるだろう。

本書では、「参加―構成」型がどのような授業であるのか、「発問―応答」型と何が違うのか、どのような考え方や具体的な手立てが必要なのか、などをできるだけ詳しく説明していく。時には、授業記録を紹介する。また、単元の流れも示している。「参加―構成」型の授業は、全ての教科や領域で展開することが可能であり、単元の流れや単元主題などを紹介している。そして、「参加―構成」型の授業だけでなく、それを支える新たな教育モデルについても提案する。

まず、第一章では、「発問―応答」型からの脱却について、「発問―応答」型の授業を考察する。授業の実際や問題点についてまとめた。そして、それに代わるものとして「参加―構成」型の授業を提案する。ここでは、その授業を大まかに紹介し、子どもが教材と出会うことや子ども同士の対話を重視することなどをまとめている。

続く第二章では、「参加―構成」型の授業をつくる方法やその授業で子どもたちに身につく力をまとめている。具体的には、「参加―構成」型の授業の実際を国語科と算数科の授業記録で紹介し、そのような授業をつくるための話し合いのルールや教師の働きかけの具体を示した。そして、最後には、「参加―構成」型の授業で子どもたちに身につく力についてまとめた。

次に、第三章では、「参加―構成」型の授業をつくるための、単元構想についてまとめている。ここでは、拙著「活動する国語」で提唱している「パフォーマンス単元」を、国語科だけでなく他教科に広げていくことを提案している。そして、それぞれの教科で活用できる、パフォーマンスを「単元主題」とし、その主題に迫るための活動を「活動テーマ」として紹介している。

最後の第四章では、「参加―構成」型の授業を支える、新たな教育モデルについてまとめている。それは、さまざまな関係性やかかわりを重視し、「学ぶこと」と「教えること」が相互に共鳴し合うようなモデルである。そして、学力観やカリキュラム観、単元観などを提案した。さらに、評価についてもまとめ、指導と一体化する評価活動やカリキュラムに反映できる評価方法などを紹介している。

本書の内容は、教師として三十五年間、授業を実践してきた中から導出したものである。子どもたちとの日々の営みである授業を通して、獲得してきたものである。もちろん、先輩諸氏からのご助言やご意見、様々な文献を参考にしながらの実践ではある。

そして、様々な場で、その実践を紹介したり発表したりして、多くの方々から共感や賛同を頂いたものでもある。それらをまとめることができたのではないかと考えている。

しかし、具体性にかけているところや、抽象的すぎて分かりづらいところも多いと考える。まだまだ改善が必要なところも多いだろう。それらについては、読者諸氏のご批評をいただき、改良していきたい。忌憚のないご意見を頂けたら幸いである。

二〇二一年　五月

服部英雄

目次

I

「発問―応答」型からの脱却

1 「発問―応答」型の授業

(1) 発問で構成される授業

一般的に、教科や領域を問わず、授業を構想するとき、まず設定されるのが目標であろう。その授業時間に、子どもたちにどんな力を身につけるのか、それが授業の目標である。そして、教師はそこへどのような手順や道筋で至るのか、授業を構想する。その手順や道筋の具体的なものとして、発問が考えられる。その発問に子どもたちが答える、つまり応答することで授業が進んでいくのである。

したがって、授業において発問は、重要な教師の技術の一つとして位置付けられる。そのいい例が、校内研修会などで行われる授業研究である。授業研究とは、研修会に参加する教師に授業を公開し、その授業の評価を検討するものである。授業を公開する前には事前の検討を、そして授業後に事後研究をすることが多い。そして、どちらの検討においても、発問の評価がなされるのである。

事前の検討では、「この発問で、子どもたちはそう答えるだろうか」「主発問はどれか。その発問で本当に学びが深まるだろうか」などの意見が出される。そして、目標により到達しやすい手順や道筋を見出《みいだ》そうとするのである。また、事後の研究でも、「今日のこの発問で、子どもたちは思考を深めた」「この発問が良くなかったので、それを別の発問にすればよかった」のように、実際の授業で見られた子どもたちの反応をもとに検討される。

もちろん、事後研究では、その学校の研究テーマに沿って、発問以外が検討されることもあるので、全ての事後研究が発問を対象にしているとは言えない。しかし、子どもの活動や子どもの反応が、発問を通して引き起こされている限り、発問が話題にならないことはないのである。

このように校内研修や授業研究を見てくると、「発問研究」をしていることに他ならないことが分かる。確かに、発問は必要である。発問が全くの不要だとは考えていない。ただ、そのような発問に問題点はないのか、本当に発問がなければ子どもたちは考えないのか、発問を重視しない授業は考えられないのか、などの疑問が生じるのである。

ところで、発問にはいくつかの種類がある。

まず、前述のような授業の展開を構想する発問である。そこには、その授業の目標に直結する思考を促したり、授業のヤマ場として思考を一段階高めたり深めたりする「主発問」がある。そして、その「主発問」に到達するための補助的な発問が、「補助発問」である。いくつかの「補助発問」で授業を進めながら、「主発問」で授業の高まりや深まりを構想する。

次に、発問に対する子どもの反応の仕方から分類できる。発問に対して子どもの反応が画一的であるとき、つまり答えが一つに限られているとき、それは「一問一答型」の発問と言える。例えば、「ごんぎつねは、どこに住んでいましたか？」のような問いである。この発問では、子どもの誰が答えても同じ答えになる。それに対して、子どもの反応が多様な発問がある。一つの発問に様々な反応が返ってくることから、「一問多答型」の発問と言える。

これは、教師が発問にどのような答えを想定しているかによっても同様に分類できる。「一問一答型」では、最初から、発問の答えが一つであることが多い。逆に「一問多答型」では、答えを複数想定しているが、それら以上の答えが返ってくることもある。一般に、「一問一答型」の発問より「一問多答型」の発問の方が良いとされている。ただ、学習状況や学習場面によってどちらが有効か異なってくるので、一概には言えない。

そして、子どもの反応の範囲によっても分けられる。授業を行う学級では、複数人数の子どもたちがいる。その子どもたちの全員に答えさせるような発問と、限られた子どもしか答えられない発問が、考えられるのである。前者を「全員応答型」の発問、後者を「限定応答型」の発問と呼ぶことができる。もちろん授業では、子どもたち全員が思考することを企図して、「全員応答型」の発問を構想することが多い。しかし、「限定応答型」の発問で思考させ、それに答えた子どもの考えについて、全員で考えるという授業場面があってもいいのではないだろうか。研究授業などでは、「全員応答型」で構想していたが、結果として「限定応答型」になってしまうこともままある。

また、発問の性質によって、特徴づけられる発問もある。それが、「ゆさぶり発問」や「問い返し発問」である。前者は、子どもたちの思考が停滞しているときに、それを活性化するために問う。例えば、「本当にそれでいいの？」や「ここについては誰も引っ掛からなかったので、ここはなくてもいいね？」などである。子どもたちは、この発問に応えて、思考し直す。一方、後者は、一人の子どもの発言をもとに全員で考えるようなときや、一人の発言を焦点化したり言い直させたりするときにする発問である。例えば、「今、Aさんはこう言っているけれど、他のみんなはどう思いますか？」や「今の発言、聞いている人がより分かりやすくするには、どう言えばいいでしょう」などである。

(2) 発問と指示

授業を構成する重要な技術の一つとして、指示がある。指示については、「指示待ち」という受動的な子どもの姿の表現もある。したがって、授業を構想するときなど、発問ほど取り上げられることはない。それでも、授業の中では、子どもたちの活動を示すのに、指示は必要なのである。

ところで、発問と指示は、明らかに違うものである。しかし、発問と指示が混同されることも少なくない。というのも、表現が違うだけで発問にも指示にもなりうる場合があるからだ。例えば、国語科で登場人物の心情を考えさせたいときに、「このときの人物はどんな気持ちですか?」と問えば発問となるし、「このときの人物の気持ちを考えましょう」と言えば指示になる。

では、指示と発問をどのように区別すればいいのだろうか。

発問は、それを機に子どもたちは思考したり表現したりする。つまり、子どもたちに発見させたり考えさせたりするためのものが発問なのである。したがって、「発問は、子どもたちの思考・表現に働きかける」と言える。一方、指示は、それを機に子どもたちは実際に行動したり活動したりする。逆に、子どもたちがそうしなければ、その指示は成立していない。したがって、「指示は、子どもたちの行動・活動に働きかける」と言える。

ただ、活動しながら思考するということもある。また、表現そのものが活動となることもある。特に低学年の子どもたちは、活動と思考が未分化と言われ、遊びや具体的な活動や操作をしながら思考する。このように考えると、なかなか発問と指示を区別しづらくなる。それでも、より思考や表現に働きかけるのを発問、より活動や行動に働きかけるのが指示というように捉えるのがよいだろう。この区別の仕方を適用させれば、前述の登場人物の心情を考えさせるときは、指示ではなく「このときの人物はどんな気持ちですか?」と、明確に問わなければならない。

その指示であるが、最近ではそれ自体が曖昧になってきている感が否めない。それが、「〜しましょう」という指示である。例えば、教科書を開かせる行動を指示する「教科書を開きなさい」を、「教科書を開きましょう」のように言い換えるのである。また、子どもの行動や活動を宣言するような指示もある。それは、先と同じ指示内容を「教科書を開きます」のように言うのである。

本来、指示は、教師が子どもたちの行動や活動に対してさせたいことがあって発するものである。したがって、指示の文末は「～しなさい」という表現になる。その表現が、命令調であることから、それを和らげる意味で、「～しましょう」や宣言型になるのではないかと考える。また、命令調の指示がたくさん増えると、常に子どもはさせられているように見えるし、そこに教師と子どもの権力関係まで垣間見られ、それを嫌ってのことではないかとも考えられる。子どもたちの学習する姿を、自主的で能動的、できるだけ権力に左右されないものを、教師が一つの理想としているとも言える。

それでも、教師が指示を出すということは、子どもたちにさせたい行動や活動があることには変わりがない。その教師の意図をきちんと子どもたちに伝えるためにも、指示は指示として「～なさい」と言う方が良い。それでも命令調に抵抗があるというときは、命令調に聞こえないような工夫をすればいい。それは、「～なさい」の言い方を最後の「い」の抑揚を少し上げる。尋ねるように語尾を上げるのである。

また、指示の内容そのものにも工夫することで、子どもたちが能動的に行動したり活動したりするようになる。それは、指示を直接的な内容にしないということである。先の「教科書を開きなさい」という指示は、子どもたちの行動そのものを内容としている。つまり、教科書を開かせたいからそう指示したのである。この指示では、子どもたちは指示された通りに行動するしかない。このような指示ばかりだと、子どもたちは指示されなければ動かない「指示待ち」になってしまうだろう。

しかし、させたいことには、なぜさせたいのか、なぜそうするのかという意味がある。教科書を開かせるのは、例えば、今日の学習場面を確認するためとか、今日の問題を確かめるなどの意味がある。その意味や意図を指示の内容に混ぜることで、子どもたちはどのように行動するかを考え、能動的に活動するようになる。

先の例で言えば、「教科書を開きなさい」と指示するのではなく、「今日の学習場面を確かめられるようにしなさい」と指示することで、子どもたちは自ら教科書を開いて、昨日までの学習を振り返ったり、今日の学習場面を明確にしたりするようになる。

以上のように、指示を明確化して発問と区別し、さらに子どもたちが能動的に動けるように内容を工夫することが、授業を展開する上で重要なのである。

(3) 「発問―応答」型の問題

ここでは、これまで見てきたような「発問（指示）―応答」型の授業に問題点はないのか、ということについて検討してみたい。

まず、授業論的に考えてみよう。「発問―応答」型の授業では、はじめに発問ありきとなる。そして、この発問が教師からなされることを考えると、授業ははじめに教師ありきとなる。つまり、授業が教師主導のものとなってしまうのである。これは、発問がいくら一問多答型であろうと、教師の発問で授業が展開していく限り、教師主導型の授業とならざるを得ない。教師主導では、子どもたちの自主的な活動や主体的な思考を期待することは難しい。子どもが自ら学習活動に取り組み、進んで思考するような授業を目指すとき、「発問―応答」型では困難なのである。

そして、教師が発問を構成し、それに則《のっと》って授業が進むので、授業が単線化しがちである。「最初にこの発問で考えさせて、その次にこの発問とこの発問、これらを考えさせて主発問で深く考えさせたい」のような構想となるので、目標に到達する道筋が一本になりがちである。このような授業では，発問に対して予想外の反応が返ってきたとき、教師はあたふたしてしまう。

単線化した授業では、子どもたちもついていくのが大変である。もし、その本線から外れてしまったら、その子どもはそこから次のステップにはなかなか進めなくなってしまう。その結果、授業に集中できず、学びを得ることもできないだろう。また、子どもたちは多様で個性的なので、本線以外に興味を持つこともあるかもしれない。その興味から新たな気づきやより深い思考へと進む可能性もある。これらの可能性を「発問―応答」型の単線化された授業は、活用できなくしてしまう。

これらのことが、授業が「ステップ・バイ・ステップ」になりがちだという問題と通じてくる。授業には目標があり、そこに至るため階段を上るように、「これができたら次」と段階的に目標に近づいていく。それが、「ステップ・バイ・ステップ」である。

しかし、本来、目標はあるものの、そこへの到達手順は何通りもあっていいはずである。子どもの能力や個性に応じて、それぞれの手順を経ればいい。山頂に到達することが目標の登山にたとえれば、「ステップ・バイ・ステップ」だと、登山路は一つだけで、登山者の見る景色も一つだけとなる。多数の子どもたちで登山している場合、それは単一的な見方となり、子どもの中にはただただ苦痛なだけの子どもも出そうである。

一方、登山路が複数あり、自分に合った登山路を選択できるような登山であればどうだろう。自分の体力や能力に合わせて、登山路を選択すればいい。そうすることで、登山自体の多様化が生まれる。もちろん、段階を明確にして、一つずつステップを解決していくことで、学びが保証されるような場合もある。しかし、子どもたちの多様な思考や学び、さらに主体的な学び方を重視する授業を構想するとき、「ステップ・バイ・ステップ」には問題が残るのである。

次に、発問しなければ子どもたちは考えないというのは、本当にそうなのか検討してみよう。一度振り返ってみると、発問というのは子どもたちが答えられることを前提に創出されることに気づく。全く答えられないことを想定することはない。ということは、多くの子どもの中には、問われなくても既にそのことを思考し、新たな気づきを見つける子どももいるはずである。

実際、子どもたちが教材に出会ったとき、それぞれの子どもの中で、様々な思いが生じる。これを子どもの内面における声と考え、「内なる多声」と呼んでいる。この「内なる多声」は、授業の各所で生じている。この声を内から外に発するようにすれば、授業を子ども主体で構成することができる。詳しくは後述するとして、子どもの自主的な気づきや思いだけでも、授業は成立するはずなのである。

さらに、「発問—応答」型ばかりに慣らされた子どもたちは、問われなければ思考しないという習慣を身につけてしまう恐れがある。

元来、子どもたちは、授業中に「内なる多声」をもって、様々に思考している。それが、学習内容と関係がない場合は問題外であるが、その時間の課題について考えたり、他者の考えを聞いて自分の考えと比較したり、新たな考えに気づいたりと、多様な思考が働いている。

しかし、教師による発問が、これらの多様な思考と合致するかというと、いつもそうではないだろう。そうなると、子どもたちは、これまでの自らの思考とは異なる思考を強要されることになる。つまり、どんなに素晴らしい気づきや深い思考をしていたとしても、教師の発問に応じなければならなくなるのである。このことが、発問にかかわらない自ら思考する意欲を低下させる。

そして、授業は一日五時間から六時間ある。毎時間「発問―応答」型ばかりに慣らされた子どもたちは、自ら思考することをやめてしまう。実際、前の学年で、「発問―応答」型中心の授業で一年間過ごしてきた子どもたちを次年度担任すると、子どもたちから「だって、先生、尋ねなかったから」と、自ら思考しない理由を言うときがある。この発言こそ、自ら思考することや気づくことを停止していることを示しているとは言えないだろうか。

以上のように見てくると、「発問―応答」型には、様々な問題があることが分かる。教師主導型の授業や単線化された授業、さらには「ステップ・バイ・ステップ」になるという問題。

また、発問は子どもが応答可能であることを前提にしていることや、自ら進んで思考する意欲が低下する問題。これらの問題を解決するためには、これらの問題に対処した「発問―応答」型の授業を構想するか、全く別の視点から授業を構想するかしかないだろう。そして、その後者に当たるのが、「参加―構成」型の授業なのである。

2 「参加─構成」型の授業

(1) 「参加─構成」型の授業とは

「参加─構成」型の授業について、授業の局面ごとに、その概要を説明していく。

まず、最初は授業開始の様子からである。授業開始の場面では、これまでの学習を問うて思い出させたり、今日の学習を確認したりといった「発問─応答」はない。なぜなら、事前に、今日の学習については、子どもたちに知らせてあり、子どもたちは、その内容を既に知っているからである。したがって、子どもたちに個人差はあるものの、これまでの学習をそれぞれで振り返っていたり、今日の学習の準備をしていたりする。これらを実現するための方法については後述するとして、ここでは、授業の様子を想像してもらいたい。

この、子どもたちが事前に今日の学習の内容を知っているということが重要である。事前に知っているのか知らないのかで、子どもの授業に対する意欲が異なってくるからである。何も知らずに座って教師が来るのを待っているのでは、教師が今日の学習を提示してから興味が湧くかどうかが決まり、興味がなければ意欲も高まらない。だからこそ、授業の導入段階では、子どもの興味づけが必要になる。しかし、教師が来ることや、教師の興味づけの働きかけなどを待っている姿は、授業に対して受け身になっていると言わざるを得ない。

そうではなくて、事前に知って準備していれば、すぐに学習内容に取り組める。これは、教師が教室に来ることを授業の開始と限定することなく、教師がその場にいなくても授業が開始される。つまり、子どもたちだけでも授業を始めることが可能なのである。そして、授業は、子どもたちなりに準備してきたこと、教科によって異なるが、自分なりの考えを交流するところから始まる。

次に、授業の途中の様子である。子どもたちの発言で授業は展開していく。子どもたちはあらかじめ自分なりの考えを持っているので、それをみんなに伝えたいという意欲も高く、発言が続いていく。もちろん、その発言がうまくつながるように、あるいは同じ子どもの発言ばかりにならないような、最低限のルールがある。そのルールは、なぜそうするのかという意味について説明し、子どもたちと共有できるようにする。

また、教師は、「発問」もする。しかし、「発問」を組み立てて授業を進めようとはしない。それに代わる働きかけをする。

教師の働きかけの概要から、これまでいろいろな呼ばれ方をしてきた。古くから、「指導者」

が一般的であったが、子どもたちの自主的な学びを支える「支援者（サポーター）」と呼ばれたり、子どもの学びを促すから「促進者（ファシリテーター）」と呼ばれたりしてきた。

もちろん、どの呼び方も「発問―応答」型だったとは言い切れない。しかし、それとは別の「参加―構成」型では、「コーディネーター」が良いと考えている。「コーディネーター」を辞書で調べると、『物事が円滑に行われるように、全体の調整や進行を担当する人』とある。つまり、授業が円滑に展開できるように、全体（子どもたち）の調整や進行を担当するのである。それが授業中の教師の働きかけなのである。

もう少し具体的に言うと、子どもたちの発言や考えを整理したりまとめたりする。また、曖昧になった考えや拡散しすぎた発言を焦点化したり停滞している考えを先に進めたりする。このようにすることが、子どもたちの考えや意見を「構成」することになる。子どもたちは、自ら授業に「参加」する。そして、それを教師はコーディネートしてその授業の目標に迫れるように「構成」する。これらを統合して「参加―構成」型と呼んでいるのである。

最後に、授業の終末の様子である。子どもたちは、その時間の学びを整理したりまとめたりする。初めて知ったことや思ったこと、感じたことなどを振り返りカードやノートに書く。このとき、学習の足跡となっている板書を手がかりにまとめていく。板書をそのまま写すのではなく、その中から選んで文章化してまとめていくのである。

また、算数科などでは、合格問題や練習問題に取り組む。算数科では、授業の対話を通して、きちんと理解できているかということが重要になる。ここでいう理解とは、授業で扱った問題と同様の問題を自力で解けるということである。もし、自力で解けなかったら、授業にきちんと参加していなかったことになる。

一方、教師の働きかけとしては、子どもたちが学んできた過程を説明しながら、授業の中で新たな知識や技能について説明をする。例えば、国語科で、子どもたちが繰り返しの叙述に気づいたら、それを「反復」と言うと説明したり、算数科などで新たな思考を用いたなら、それを「関連づけ」と言うと説明したりする。

さらに、その授業全体の価値を説明したり、個人の頑張りを認めたりする。例えば、その授業が単元全体の中で価値あると評価したとき、そのことを伝える。また、授業の中で、個人の頑張りを評価して、みんなで認め合えるようにする。このとき、教師からの一方的な説明だけでなく、子どものつぶやきなどを拾いながら説明すると、授業に参加した教師も子どもも、共に学んだという感覚を得ることができる。

(2) 教材との出会い

「参加―構成」型の授業では、子どもたちと教材との出会いを重視する。なぜなら、子どもたちが新しい教材と出会ったときには、その教材に対して何らかの思いやこだわりを持つからである。例えば、「この物語おもしろいなぁ」や「この計算難しそう」「どうしてこうなるのかな?」「調べたいことが出てきた」などなど、それぞれの子どもの内面で、様々な声が生まれる。

これらの声を子どもたちの「内なる多声」と呼ぶことは既に述べた。一人の子どもの中でも多様な声が生じること、それが学級という集団の中で生じることから、教室の中ではたくさんの声が生まれていることになる。まさに「多声」である。これらを総合して、「内なる多声」となる。

もちろん、この「内なる多声」には、様々な種類があるだろう。教材に対して感動的な声、批判的な声、疑問の声、一つの声から関連して生まれる声など、多種多様である。どの種類の声であれ、これから学習していくのに肯定的な声であることが望ましい。肯定的な方が、学習に対する意欲を高く維持することができるからである。

肯定的な声が望ましいからといって、それを子どもたちに押し付けるわけではない。もし、否定的な声が出るのであれば、その原因を探り、できるだけ肯定的な方に誘うようにしたいと考えている。具体的には、その否定的な声に共感して寄り添うことから始める。そして、なぜそのように思うのかということを子どもと分かち合う。その上で、子どもが気づいていないような肯定的側面を提示する。その提案をどのように受け止めるのか、そこからどのような声を発するのか、子どもに任せるのである。

また、「内なる多声」は、時間とともに変わっていく。最初は、否定的だったけれど、教材についてよく知ると変わってくるということも多い。例えば、国語科の三読法（通読―精読―味読）の最初に感想文を書かせるのは、精読を通して、その感想がどのように変わっていくかということを示している。算数科でも、家で、一人で考えたら難しかったけれど、学校でみんなと一緒に学習したら簡単なことだった、のように変わることもある。

このように見てくると、教材との出会いは、初対面の出会いから、学びの過程の中でも、子どもたちは何度も出会い直していることになる。出会い直しながら、その都度、「内なる多声」を変容させたり、増加させたりしているのである。以上のような連綿と続く教材との出会いは、別の言い方をすると、教材と対話していると言えるだろう。

「内なる多声」は、そのままにしておくと、よほど強烈な声でないと消えていってしまう。きちんと言語化して表出する必要がある。音声言語でも記憶にとどまっていることもあるが、それらをきちんと文字で記録した方が良いことは、容易に想像できるだろう。

このようにして文字言語化する活動が、「一人学習」「一人学び」、あるいは「予習的学習」である。もちろん、教材と出会った「内なる多声」から、これらの活動が展開されることもあるが、子どもたちの「内なる多声」からテーマや課題を見出し、それについて自力で学習することも「一人学習」なのである。

この「一人学習」について、教科別に、簡単に記していく。

国語科では、物語や説明的文章、詩などの教材に出会ったときの最初の「内なる多声」を、伝統的に書かせてきている。それが、「初発の感想」である。教師は、それらをもとに学習課題や活動テーマを作る。「初発の感想」が、最初の「内なる多声」だと言える。そして、学習課題や活動テーマに沿って一人で学ぶのが、自分なりの読みを形成することになる。このとき、一人で読み進めて自分の考えや思い、つまり、個人内の「内なる多声」を書きまとめていく。

算数科は、一般的に系統性がはっきりしている教科と呼ばれる。前の学習や既習事項の上に新しい学習内容があることが多い。したがって、子どもたちは、新しい教材と出会ったとき、これまでの学習を想起したりさらに新しいことを期待したり、というような「内なる多声」を持つことが多い。その声をもとに学習課題や活動テーマを教師と子どもで確認し合う。そして、子どもたちは、その課題やテーマに沿って自力で学習するのである。

このとき、既習事項と関連づけたり、そこから類推したりして、自力解決ができることが多い。それが困難な場合は、教科書を参考にして問題を解決できるようにする。さらに、どうしても解決できない場合は、「分からない」という声も認めるようにする。

社会科や理科は、一般的に内容教科と呼ばれることが多い。それぞれ社会的（歴史的）事象や科学的事象が教材化されている。したがって、子どもたちがこれらの事象に出会うことが教材との最初の出会いになる。そして、そのときに、疑問に思うことや追求したいことを「内なる多声」として持つ。それらを課題や問題として設定して、自分なりに答えを見出したり気づきを深めたりするのが一人学習である。これらの教科では、図書やパソコンで調べたり、見学やインタビューなどで調べたりしていくので、「一人調べ」と呼ぶこともある。

また、一つの問題や疑問は、それが解決したときに新たな問題や疑問の声が生じることがある。それらの声をもとに、新たな追求活動が展開していき、それが連綿と続いていく。

(3) 対話を重視した授業

「参加―構成」型の授業では、子ども同士の対話を重視する。この対話は、一人の子どもの発言に他の子どもが応えるという形で展開する。したがって、「自分なりの考え」を発言で伝えるということと同様に、他者の考えを聞くということが重要となってくる。

この「聞くこと」の指導では、様々な方法があるが、形式的な指導にならないようにしたい。形式的な指導だけで終わると、聞く形だけを実践して実際は聞いていないというようなことが起こるからである。そこで、一対一で会話しているときの聞き方を援用して指導する。

一対一で会話や対話をしているとき、聞き手は必ず何らかの反応をしている。それは、話し手の方を向いていようがいまいが関係ない。きちんと聞いているときは、うなずいたり首をかしげたり、または横に振ったりしている。つまり、きちんと聞いていれば、身体が反応しているのである。

授業では、一対多の対話となる。一対多であっても、聞き手一人一人から見れば一対一となるのであるから、先の聞き方を活用するように指導すればよい。

具体的には、一対一で対話している様子を見せ、聞き手がどのように聞いているか考えさせる。子どもたちは、聞き手がうなずいたり、首をかしげたり、首を横に振ったりする姿に気づく。それを、一対多の対話のときにも活用するように指導するのである。

さらに、自分の考えと比較しながら聞くように指導する。これは、発言している内容と自分の考えが、似ているか違うかを考えながら聞くようにするのである。子どもたちに分かりやすいように、「賛成か反対か、質問か分からないか、考えながら聞きましょう」と指導する。もっと簡潔に示すと、子どもの聞き方、つまり反応の仕方は、「賛成」「反対」「質問」「分からない」のどれかになる。どれにも当てはまらないのは、聞いていないと見做《みな》していい。

ところで、子ども同士の対話を重視すると言っても、みんなの前で発言することを、何の抵抗もなくできる子どもと、そうではなくて発言が苦手な子どもがいる。その理由として、恥ずかしいからとか自信がないからということが考えられる。しかし、それだけでなく、発言をしたときの他の子どもの反応に原因がある場合も少なくない。

それは、発言したときに、すぐに反対意見や質問が返ってくるときである。中には、発言中にいろいろ口を挟んでくるような子どもがいることもある。頑張って勇気を振り絞って発言したのに、間違いを指摘されるような反対意見や、揚げ足をとるような質問意見が返ってきたら、次からは発言しないでおこうと思うに違いない。また、うまく発言できないからめったに発言しないのに、たまたま発言している途中にいろいろ言われたら、最後まで言い切れなくなってしまうだろう。

このような子どもたちの不安や心配を取り除くために、子どもたちの発言をつないでいくときには、賛成意見から出すようにする。賛成意見を続けることを、発言のルールとするのである。そうすることで、発言が苦手な子どもも自分の後に反対や質問ではなく、賛成してくれる発言があると安心して発言することができる。また、賛成意見がいくつか続く間に、揚げ足をとるような意見や取るに足らない質問は、自然と消滅していく。賛成意見の中に、それらに答えたり補ったりする内容が含まれるからである。そして、子どもの発言中は口を挟まないや、発言後に意見として発言することなどをルール化したり指導したりすることで、全ての子どもが安心して発言できるようにする。

ただ、賛成意見をずっと続けるわけにはいかない。それでは、授業が進まない。ある程度賛成意見が続いたら、別の意見に進むようにする。この意見にも賛成意見をある程度続けて、また別の意見に進む。このある程度というのがどれくらいかということが問題となる。その解決法が、一つの発言に新しい内容が付け加わらなくなったらと考えている。賛成意見は、「同じ」「似ている」「付け足し」などの内容を含んでいる。しかし、全く同じということはない。一つの発言に賛成しながら少しずつ違った内容が付加されていく。そうやって、新たな内容が出てこなくなったときが、別の発言に移るときなのである。また、その授業で扱う学習内容の量によっても変わってくる。とてもたくさんの内容を扱うときは、賛成意見の数を減らす。逆にその量が少ないときは、増やすようにすればいい。

これまで説明してきた子ども同士の対話であるが、子どもが発言するときは、子ども自らが発言するようにしたいと考えている。授業の最初の発言であれ、賛成意見の発言であれ、自主的な発言が望ましい。なぜなら、自ら発言することが対話の授業の主体性となるからである。そして、発言しようとするには、発言に対する意欲が必要となる。言い換えれば、意欲がなければ主体性は発揮されないのである。

しかし、これまでも述べてきたように、この意欲は子ども一人一人によって異なる。意欲の高い子どももいれば低い子どももいる。発言が得意な子どももいれば、そうでない子どももいる。発言が不得意な子どもは、何度か授業をしていると教師は把握できる。そこで、教師による意図的な指名が必要となる。

子どもたちの自主性に任せてばかりいると、同じ子どもばかりが発言するようになる。つまり、発言の意欲の高い子どもばかりに偏ってしまうのである。それを防ぐ意味からも、また、発言が苦手な子どもも発言できるようにするためにも、教師が意図的に指名する。そして、その発言をきちんと評価して他の子どもたちに返したり、発言の価値を説明したりしながら、発言への意欲を高められるようにする。このような働きかけを通して、全ての子どもが発言できるようになり、対話を重視した授業が成立する。

教師の働きかけは、このような意図的指名だけではない。子どもたちの自主的な発言を整理したり焦点化したりする。また、軌道を修正したり子どもたちに新たなことに気づかせたりする。このような働きが、コーディネートである。詳しくは後述するが、その具体を次の七つに整理している。「うながす」「つなぐ」「もどす」「問い返す」「ゆさぶる」「せまる」「意味／価値づける」である。

3 「参加―構成」型と子ども理解

(1) 「発問―応答」型と子ども理解

子ども理解は、学校教育の原点であり、「発問―応答」型であれ「参加―構成」型であれ、最も重要であると考えている。より深くて広い子ども理解があってこそ、理想の授業が展開できるのである。

一般的な子ども理解というと、学習指導であれば学力的な理解、生徒指導であれば性格的なことをイメージしがちである。しかし、そのような一面的な理解ではなく、学習指導の中に性格的な理解も必要だし、その他の要素の理解も必要なのである。例えば、学習に対する意欲はどうか、子ども自身が自分のことをどのように理解しているか、教師や他の子どもたちである他者のことをどのように捉えて、どんな関係を持とうとしているか、責任感や倫理観はどうか、など多面的に理解する。さらに、その時々の現象や状況からだけで判断するのではなく、それらを関連づけて理解していく。つまり、多面的に、そして点ではなく線として、理解していくのである。

ところが、「発問―応答」型の授業では、このような多面的な子ども理解を全ての授業で行うことが、なかなか難しい。なぜなら、用意していた「発問」に子どもたちがどのように「応答」するかということに意識が向きがちだからである。

また、「発問」の性質上、子ども一人一人全てに対応した問いは難しい。子どもたちを学習者として集団化して捉え、より多くの子どもたちが教師の期待する応答ができるように考える。そして、それらを積み重ねて授業を構成していくのであるから、授業における学習指導で、子どもたち一人一人を深く理解することが難しいのである。もちろん、子どもたち一人一人が自分の個性を発揮して答えるような発問もあるだろう。しかし、発問を構造的・構成的に用意し、それを展開していくことに教師の意識が向くと、子どもたち一人一人の個は集団に埋没していく。

一方、「参加―構成」型の授業では、子どもたちの参加で授業が始まり、展開していく。教師は、それを受容していくので、その間に子どもたちを理解していくことが可能である。例えば、子どもの発言を聞きながら、「この子は、そんな考えをしているのか」や「この子が、ここで発言するんだ」のような、一人一人の子どもに対して、新たな発見をすることができる。

また、「この子はどうしてここで発言しないんだろう」や「いつもなら、Aさんの後に発言していたのに、今日は違う」のような発見もある。そして、子どもたちの参加が次々と進んでいく中で、新しい発見から一人一人の個性について考えることもできるのである。

さらに、考えるだけでは忘れてしまうこともあるが、子ども自らが参加していくので、簡単なメモ程度を残すことも可能である。もちろん、授業後に記録すればいいのだが、意外と休み時間は短く、授業と授業の合間に記録するのは難しい。また、一日の終わりに記録することも可能だが、時間が経《た》つと忘れていることも多い。したがって、授業を進めながら、子どもも理解のための情報をその時々に記録することが大切であり、「参加―構成」型の授業であればそれも無理なくできるのである。

ところで、授業を展開しながら子どもを理解するというと、どうしても子どものマイナス面に意識が向きがちになる。発言しない、話を聞いていない、ごそごそしている、無駄なおしゃべりをしている、のような子どもに目が行きがちなのである。特に、子どもたち全員に対して一斉に発問したり、説明を聞かせたりしているときは、そうである。もちろん、子どもたちが自ら参加する授業でも、自ら参加しない、友達の意見を聞いていない、のように気になることがある。すると、教師は、それらの子どもたちを注意したり、聞くように指導したりする。と、同時に、否定的な理解をするようになる。

一方、反応が良くて、発表も意欲的な子どもは、教師から見て肯定的な姿であり、それほど気にはならない。しかし、これらのプラスと考えられる面についても、マイナスと同様に意識し、子ども理解につなげていかなければならない。特に問題がないからそれで良しと看過するのではなく、きちんと意識化する。つまり、プラスもマイナスもどちらにも同等の意識を向けることが重要なのである。

このような意識化にも、「参加―構成」型の授業は有効である。「参加―構成」型の授業の教師は、まずは子どもを受容することから始めるからである。そして、受容しつつ理解を深めたり、子どもの発言を焦点化したりしながら授業を構成していく。

(2) 子ども理解の方法

ここでは、子ども理解の具体的な方法についてまとめていく。子ども理解では、まず、子どもの新たな発見をしようという構えが必要である。子どもは、日々成長していく存在である。したがって、昨日とは違う姿を今日見せることが多い。その今までとは違うという発見を、しっかりと見極めよう、きちんと受け止めよう、という姿勢が必要なのである。

この構えは、教材や大人の論理に立ったり、どのように発問を構成しようかと考えたりしていると、持つことが難しい。つまり、「発問―構成」型の授業では難しく、子どもたちが自ら参加して授業を構成していく「参加―構成」型の授業の方がやりやすいのである。

また、いつもと同じことに着目しようとすると、子ども理解につながりにくい。なぜなら、そうすると固定化した理解となり、極端な場合は決めつけになってしまうからである。固定的に決めつけられた子どもたちは、そこから抜け出すことが難しい。教師は、いつもと少し違うこと、それに意識を向け、新たな発見を続けなければならない。もちろん、毎時間、発見があるとは限らない。そんなときこそ、授業の学習内容や学習方法に問題はないか自省しなければならないだろう。

新たな発見をメモ程度で残すことは、既に述べた通りである。「参加―構成」型の授業では、対話を重視するので、子どもたちが対話している間に記録することが可能である。また、板書も子どもたちの表現媒体と考え、子どもたちに開放すれば、もっとたくさん記録できる。実際に、賛成意見の子どもで発言していない子どもにその意見を板書するように実践していた時期がある。そうすれば、子どもたちの発表や発言などの表現も豊かになるし、教師は板書の代わりに、子ども理解の記録をすることができる。

ただ、板書は、教師がきちんとする方が、より多くの利点がある。大切なことは、何のために誰が板書するかということである。子どもの表現を黒板でも活用したいことを主とするのであれば、子どもが板書をすればいい。また、きちんと教材の構造や子どもの発言を板書に残すことを主とするのであれば、教師が板書すればいいのである。そして、教師が板書する場合、新たな発見のメモに活用することもできる。

以上のように毎時間記録してきた子どもの新たな発見は、そのままではそれぞれの時間の発見であり、個別のものである。それらをそのままにしていても局所的な子ども理解にしかならない。そこで、一ヶ月に一回とか二ヶ月に一回、それらをつなげて子どもの姿を明らかにする。つまり、各時間の発見が点であるのを結びつけて線にするのである。そうすることで、関連的に子どもを理解することができ、より深い理解につながる。さらに、個人の線だけでなく、それに教師や友達といった他者や、環境なども絡めていくと面になる。面的に理解していくことで、子ども理解はより深くなる。

子ども理解を進める上で、留意したいことが二点ある。

まず、子どもを理解しようと問いただしたり質問したりしないことである。質問しても子どもが素直に答えるとは限らないし、子ども自身がその答えを見つけられないこともある。それよりは、その子どもの状況や様子をよく見て、推測でも構わないので、共感的な言葉がけをする方が良い。その推測が当たっていれば、子どもは肯定するだろうし、当たっていないと「そうじゃなくて……」のように説明してくれる。このような共感的な理解をしていくことが大切である。

次に、子どもの言動やふるまいに対して、安直に答えを求めないことである。例えば、最初に発言していた内容と意見を変えたという様子を見た場合、すぐに「それは、Aさんの意見に影響されたからだな」のように答えを出さないのである。そのように安直に答えを導出すると間違っていることも多いし、子どもの表層的な部分しか理解できない。それよりは、前述の通り、メモや板書に記録しておき、それを一定期間蓄えて考察する方が良い。それでも答えが出ないこともあるだろう。それでも構わない。

子どもの新たな発見に疑問が湧けば、できるだけ早く答えを見つけたいと思うだろう。また、新たな発見の理由についてもすぐに答えが見つかれば安心するだろう。しかし、安直な答えが出た瞬間、子ども理解の思考が停止する。そうではなくて、すぐに答えを出さず、気にかけておくのである。そうすれば、思考は継続する。また、そうやって気にかけておけば、あるときふと正解にたどり着くこともある。つまり、子ども理解は、連綿と続ける教師の思考が必要なのである。

II

「参加—構成」型への転換

1 「参加―構成」型授業の実際

(1) 国語科の例

教材は四年生の「ごんぎつね」である。学習場面は最後の場面、いつも通り栗《くり》やまつたけを届けに行ったごんが兵十に撃たれてしまうというクライマックスである。子どもたちは、授業前に一人学習をしている。それを交流するところから授業が始まる。

S　はい、ぼくは七十七ページの十行目の「くりを持って」で、1場面では、とんがらしをむしり取っていたり、いたずらばかりしていたけど、でも、この6場面では、栗を持ってとか、そういう優しい面とか見えるから、そこは対比だと思います。

I　はい、ぼくは、その前の「その明くる日も」っていうところで、ごんは神様にお礼を言って、引き合わないなあとか考えてるのに、それがきっかけになって、栗をやったりするのをやめないで、まだ続けているのが、優しいとか、賢いとか、そういうふうに思いました。

T ええ、ちょっと待ってね。特にどの言葉が……。
I 「明くる日も」の「も」。
T 「も」か。……D君先で、その次Yさんね。
D はい、ぼくも賛成で、5場面のところの最後で、「おれは引き合わないなあ。」と思っているけど、この、栗を持って行っているのが、なんかえらいって感じがするから、えらいなと思います。
Y はい、私も賛成で、私が注目したのは「その」っていうところで、「その」っていう5場面の最後に、「神様にお礼を言うんじゃ、おれは引き合わないなあ。」って、口が荒くなってたり、いろんなことがあったのに、「その明くる日も、ごんは」で、「その明くる日も」だから、「その」ってついてるから、やっぱりごんはまだやめないんだな。神様にお礼を言っている兵十にも、望みがあるかもしれないって思ったから、やっぱりやめないのかな、って。
T なるほど、まだ望みが……（続けて発言しようとするのを制して）ちょっとちょっとだけ待って。何の望みかな？
Y まだ、つぐないは終わってるわけじゃないから、兵十がもしかしたら気づいてくれるかもしれない。

O　はい、違う意見で……。

T　ちょっと待って。もう少しここどうですか？　N君。

N　もしそこが「ある日」だったら、もうあきらめたっていう感じなんだけど、「その明くる日」だから、もうずっとずっと、やっぱり兵十のウナギをとった方が悪いってごんは思って、思っているから、いっつも栗を持って行ったんだと思います。

T　ちょっと……。これ比べて読んでみようよ。その場に座ってごらん。はい、それじゃあここを「ある日」で読んでみたらって、N君言ってるので、

全員　「ある日」

T　じゃあ本文の通りで読んで。

全員　「その明くる日も」

T　はいじゃあ、Mさんからどうぞ。

M　はい、私は「その明くる日も」っていうところ「ある日」だったら、その、また、一日だけっていう感じがするけど、「その明くる日も」だったら、その次の、またその次のっていうふうな感じが伝わってくるから、大事だと思います。

子どもたちは、自分が考えてきたことを積極的に発言しようとしている。友達の意見をしっかり聞きながら、それと関連づけて賛成意見を続けている。そして、教師は、発言したいという子どもたちを整理しつつ、読み深めさせたいところで立ち止まらせている。それは、「ある日」と「その明くる日も」を比較させているところである。

このようにして授業が始まり、同様に次の叙述へと移っていく。この授業では、その後、「ぬすみやがった」や「ごんぎつねめが」「ようし」「兵十はかけよってきました」「ごん、お前だったのか。いつもくりをくれたのは」「ぐったりと」「ばたりと」「青いけむり」などの叙述を読み深めていった。

(2) 算数科の例

教材は、四年生「二桁で割る割り算の筆算」である。本時は、「三桁割る二桁」の筆算で、商が二桁になる計算のやり方を考え、筆算ができるようにすることがねらいである。子どもたちは、本時までに、一人学習をしている。その一人学習は、自分なりに割られる数と割る数を決めて、筆算のやり方を考えるというものである。したがって、子どもによって式や筆算は異なる。それを交流するところから授業は始まる。

R　はい。例えば５５２÷24でしています。まず、５÷24をします。でも、５÷24はできません。だから、55÷24をします。55の中に24は二回あるので、2をたてます。

M　はい、ぼくも賛成で、まず、５÷24をしようと思ったけど、５の中に24はありません。それで、55の中に24が二回あるので、十の位の上に2をたてます。

C　はい。私も賛成で、７６８÷24をします。７÷24はできないから、百の位には商はたちません。76÷24で、３を商にたてます。

K　はい。私も賛成で、５５２÷24だと、52を隠して５÷24はできません。2だけ隠して55÷24をします。55÷24はできるので、2を十の位の上に書きます。

T　じゃあ、大体ここまではいいですか？　次に行きますか？　まだ言ってない人からどうぞ。Yさんからどうぞ。

Y　はい。私は、８２５÷25でしました。82÷25は3になります。次に、たてる、かけるでするから、次はかけます。25に3をかけて75になります。

S　はい。私は、６７２÷32でしました。商に2をたてたら、32かける2をして64にな

ります。

A　はい、私も賛成で、2をたてた後はかけるから、24かける2をして48になります。

T　みんなの意見を黒板に書いているんだけど、もう、ここまではいいですか？　これはできないんで、百の位に商はたたない。だから、82÷25とか、67÷32をしますよ。そうするとこういうふうに商がたちます。ここは、何？

全員　たてる。

T　ここが？

全員　かける。

T　じゃあ、次ですね。まだ言ってない人どうですか？　Hさんどうぞ。

H　はい、私は、24かける2をした後、次は……。

T　今は、かけるまできているから、次は？　誰か、今ここまできているよって……。

R　今かけたところだから、(黒板の図を指して) ここまでです。

H　次は、55から48を引いて、7になります。

T　はい、そこまでですね。今、Hさん、何したの？　たてて、かけて？

全員　引く。

T　これに賛成の人、はいどうぞ。

M　はい、ぼくも賛成で、たててかけた後は、552の55引く48をして、7になります。

この後、「引く」の賛成意見が出て、そして「おろす」の意見が続いた。次に、この「たてる―かける―ひく―おろす」のアルゴリズムを繰り返し、商を求めることを交流していった。そして、この計算で大切なこととして「手かくし法」で、商をたてる場所を見つけることに気づかせた。さらに、「もし……だったら」という仮定の考え方を用いて、次の問題に展開できるようにした。子どもたちは、「もし、余りがある計算だったら」や「二桁目にも商がたたなかったら」のように考え、それが次の課題になることを確認した。

授業の最後には、今日学習したことをきちんと理解できているかを評価する「合格問題」に取り組ませた。この問題を自力で解けるかどうかで、授業にきちんと参加していたか、理解できたかどうかを評価することができる。

(3) 「参加―構成」型の授業へ

これまで、国語科と算数科の例を示してきた。どちらも、子どもたちが自ら参加して、授業が進む様子を見ることができただろう。国語科では、一人一人の子どもが選んだ言葉や叙述とそこからの読みを、算数科では、一人一人の子どもが考えた問題とその解き方を、それぞれ自主的に発言している。そして、他者の発言に応えて、新たな子どもが発言するという形で、対話しているのである。

また、「T」で示した教師の働きかけにも注目してほしい。「発問―応答」型で示したような発問はない。もちろん、国語科では、「特にどの言葉が……」や「何の望みかな？」のように、発言した個人に対して問い返しをしている。これは、その発言に曖昧な箇所があったり、明確化したい内容があったりしたからである。また、算数科でも、子どもたち全員に「ここが(何)？」のように問いかけている。しかし、これは、子どもたち全員にここまでの学習内容を確かめるものであり、この問いかけから新たな発言を求めているわけではない。

ただ、紹介した国語科と算数科の授業場面は、どちらも授業開始時のものである。その後も同様に進んだことは、既に述べた通りである。しかし、授業の進み具合によっては、発問をして考えさせることもある。それは、子どもたちだけではなかなか気づかないような内容であったり、より深い内容に気づかせたいようなときであったり、である。このような発問は、授業の「ヤマ場」と呼ばれる場面で行われる。それでも、ほとんど発問らしい発問はなく、学習場面や対話の内容を次に進めるような働きかけが、中心なのである。

今回、国語科と算数科の授業の実際を紹介したが、「参加─構成」型の授業がこの二教科だけに有効であるというわけではない。社会科や理科、生活科なども同様に「参加─構成」型の授業に転換することができる。また、その他の教科や、道徳などの授業でも、同様である。

社会科では、「教材との出会い」のところでも示したように、教材と出会ったときの疑問や追求したいことを課題や問題として設定して、自分なりに答えを見出したり気づきを深めたりという一人学習をさせてから、授業を始める。子どもたちは、その過程で、新たな社会的事象に出会う。それを課題や問題の答えとするのであるが、単に新たな事象を見つけるだけでは、自主的に参加はするものの対話となりづらいことが多い。

例えば、六年生の歴史の学習における「三人の武将」で、「織田信長は何をどのように変えたのか」という課題で一人学習をするとき、教科書や参考書、様々な図書を調べれば、いくつもの歴史的事象を見つけることができるだろう。もちろんそのように新たな知識を獲得し、それをみんなに伝えたいという意欲は高まるだろう。しかし、そのような事象や知識だけを出し合う授業では、なかなか対話的にならない。いわゆる「出せ出せの授業」になりがちなのである。

対話的というのは、一人の思いや考えに対して、それをしっかりと聞き、それに応えて発言が積み重なっていく状況である。そして、一人では気づかなかったことに気づいたり、より深い内容に迫ったりしていくのである。単に新たな知識を出すだけでは、なかなかそうならない。

そこで、一人学習をさせるときに、新たな事象や知識を見つけたら、それを記録するだけでなく、それについて自分はどう思うかという思いや考えも一緒に書き記すようにする。事象や知識は、誰が見つけても同じであろう。しかし、それらの事象や知識に対しての思いは、子ども一人一人異なるのである。そこには、その子の個性や学びの文脈が埋め込まれているだろう。それは国語科でいうと、叙述と読みの関係と同じである。叙述は誰が発言しても同じであるが、その叙述から何を感じてどう思うかは、一人一人違うのである。また、算数科でも同様に、問題や答えは同じでもその解き方や考え方は一人一人違う。

社会科と同様に理科でも一人学習をさせてから授業に臨む。理科の一人学習は、その領域や学習内容によって様々である。観察を継続して行う内容や結果を予想して実験をする内容、図鑑や資料で調べる内容などがある。それぞれの一人学習を紹介する。

まず、観察を主とする内容では、継続観察しているときの気づきを一人学習させる。絵や図で記録すると同時に、気づきを言語化して文章にまとめる。次に、実験では、その予想について一人で考えさせる。このとき、なぜそのような予想をしたかが重要である。その予想の根拠や根拠づけの方法が科学的な思考につながるからである。また、実験に安全性が確保できるのであれば、自分が立てた予想を確かめるための実験方法も考えさせたい。そうすることで、「仮説―検証」という科学的手法に近づくことができる。最後に、図鑑や資料で調べる内容では、社会科のそれと同様である。

ここまで、国語や算数、社会科、理科について述べてきたが、その他の教科や道徳などの授業でも、「参加―構成」型に転換することができる。

音楽科や図工科では、自分なりにどのような表現をするかということをあらかじめ一人学習させて、それを交流してから表現活動に取り組ませる。また、体育科でも、どんな点に留意して運動するか、チームで対抗するときはどんな作戦を立てるか、などを一人学習させてから、それを交流し運動に取り組ませる。

ただ、これらの教科では、表現活動や運動そのものが主となる。にもかかわらず、交流にたくさんの時間をかけると活動時間が減ってしまうことになり、それでは教科の学習内容が不十分となる。表現や運動などの活動時間をきちんと確保した上で、交流しなければならない。また、活動時間を確保するということから、一人学習を家庭学習や活動時間外に済ませておくということも留意すべきだろう。

さらに、道徳でも、教材を読むことや、登場する人物の行動や心情をあらかじめ見つけておくような一人学習ができるだろう。あるいは、教材を読んで、初めて知ったことや感動したことなどをまとめておくという一人学習もできるだろう。それらの一人学習を経て、授業では対話的な交流活動を中心とした学習をする。

これまで、教科ごとに、「参加—構成」型の授業の実際について述べてきた。国語科と算数科以外でも、一人学習を国語科や算数科のように交流することで、自主的で対話的な授業に転換できる。ただ、このような授業にも、最低限のルールがある。話し合いのルールである。次の項目では、それらについてまとめていく。

2　話し合いのルール

(1)　意見のある子どもは立つ

最初のルールは、どんな意見でもいいから、「何か気づいたり思ったりしたら立つ」である。一般的な「発問—応答」型でよく見られるのは、教師の発問に対して挙手による反応であろう。もちろん、挙手で参加しても問題はないが、挙手より立つ方が、より多くの子どもが反応する。

その理由は、教師の待つ時間と関係があると考えられる。普通、教師は、発問して参加を促しても、一人二人の反応で指名することは少ない。できるだけたくさんの子どもに応えてほしいという願いが根底にあるからだ。しかし、挙手では、子どもたちが長い時間手を上げ続けるのが難しい。すぐに腕がだるくなって、下がってしまうのである。一方、立つ方は、かなり長い時間立ち続けることができる。この違いは、腕と両足の筋肉量の違いである。そして、教師も子どもも長い時間待てるということは、よりたくさんの子どもが応えられるということになる。

授業開始時は、既に子どもたちは一人学習を済ませている。つまり、子どもたち一人一人、自分なりの考えを持っている。だから、全員、立つことができる。授業の途中でも、友達の意見を聞いて、賛成や反対、質問など、思ったことがあれば、立つようにする。

子どもたちが立っているということは、自分なりに思ったことや気づいたことがあるということを、教師も含めて全員に表明していることになる。つまり、立つこと自体が発表となるのである。それに対して、立っている子どもの中から、その考えを伝えるということを発言とし、発表と発言を分けるようにする。一般的には、それら両方を合わせて発表としているが、それを発表と発言に分けることで、それまでいわゆる発表を苦手と思っていた子どもが、とりあえず発表できるようになる。

また、立っている状態からの方が、子どもたちは発言しやすくなる。それは、発言するまでの段階として、すぐに発声、発話できるからである。座った状態から挙手して発言するときは、手をおろして立つという動作が間に入る。ときには、椅子を片付けるという動作が入ることもある。この一手間二手間が、面倒になったりその間に何を言うか忘れたりする子どもも少なくない。

さらに、発言は、一つの表現である。自分の思ったことや気づいたことを表現する。表現するときには、その身体性が問題になることがある。つまり、完全に身体が静止していると、表現しづらいのである。例えば、子どもたちを静かに座らせる方法として、体育座りがある。三角座りとも言うが、この座り方はまさに身体を静止させることで、無駄話や勝手なおしゃべりを防ごうとしている。それがいいか悪いかということではなく、子どもたちを表現しやすくするためには、身体を静止させて座らせるより、立たせてその静止を緩める方が良いのである。

授業開始時には、子どもたちは自分なりの考えを持っている。したがって、全員が立つことができる。このとき、立っている子ども同士相談してもいいというルールを付け加えてもいい。相談というよりも、自分の考えと同じ考えの子どもがいるかどうかを探す相談である。同じ考えの子どもがいると分かれば、子どもたちは、より安心して発言できるようになる。発言の途中で言えなくなったら、同じ考えの子どもが助けてくれることが可能だからである。

また、授業の途中で発言するとき、子どもが考える時間の個人差から、バラバラと立つような場合がある。そのような場合、最初に立った子どもは、ある程度の時間待たなければならない。待っている間に集中力が欠けることもあるだろう。そこで、立った子ども同士相談して、考えが同じかどうかを確かめるようにする。そうすることで、じっくり考えている子どもを、教師も子どもも待つことができる。また、教師はその時間を利用して、個別に働きかけたり指導したりすることもできる。これが、多数の子どもの反応を促し、全員参加の授業も可能にするのである。

(2)「はい」の早い子どもから発言する

子どもたちが発言するきっかけとなるルールや方法は様々ある。いくつか例を挙げると、全て教師が指名する方法、子どもたちが相互に指名し合う方法、それらを組み合わせて最初は教師が指名して二人目からは発言した子どもが指名する方法、そして、自ら発言しようと自主的に発言する方法などである。どれが優れているというものではない。どの方法を取るかというのは、教師の意図や目的で選べばいい。ここでは、それぞれの発言ルールを検討しながら、最後に自主発言のルール化についてまとめることとする。

全てが教師の指名による方法では、子どもの側から考えると、いつ自分が指名されるか分からない。突然指名されてどぎまぎする子どもや、発言したいのになかなか指名されず不満に思う子どもなども出てくる。それは、この指名方法が、子どもたちにとって受動的であるからだ。もちろん、子どもの「今言いたい」という意欲や思いを汲《く》み取って教師が指名するということもあるが、そこで指名されたとしてもやはり受動的なのである。

しかし、教師が指名するということに、そのときの教師の意図を明確に反映することができる。「この子どもは普段あまり発言しないから」や「まだ発言していない子どもから」のように、意図的に指名することができる。この教師の意図と、子どもの意欲がうまく合致するように指名した方が、教師と子どもの間に一体感が生まれる。そのためには、この教師の意図をある程度子どもたちが理解できるように、日々の授業の中で説明したり指導したりしなければならない。

次に、子ども同士の相互指名である。この方法では、男子は男子ばかり指名するとか、仲のいい子や気心の知れた子ばかり指名するなどの偏りが生じることがある。その偏りには、学級集団の問題が影響している場合もある。例えば、高学年でグループなどができているときは、仲良しグループの中だけで指名を回したり、他のグループにはなかなか指名しなかったりする場合などである。したがって、ある程度学級経営ができていて、自然と誰にでも指名できる雰囲気が必要になってくる。

もちろん、以上のような偏りが生じないように、ルールを増やしたり学級指導したりすれば、ある程度問題は解決するだろう。また、授業を通して学級経営をするという観点からは、このような方法も有効だと考えられる。それでも、子どもより教師の方がはるかに教育的意図を持って指名できるはずである。そのような理由から、子どもの自由な指名と教師の意図的な指名をうまく組み合わせる方法が生まれたのだろう。

最後に、自主発言であるが、具体的には「はい」という返事の早い子どもから発言するというものである。この方法では発言の意欲の高い子どもから発言するので、発言に対する不満は生まれにくい。そして、自ら発言しようと自己決定しているので、子どもの意志の力を高めることができる。この意志の力が子どもの自主性や主体性を支える。

しかし、子どもの自主的な発言では、そこに教師の意図は反映されにくい。また、意欲の高い子どもや自己決定の早い子どもばかりに偏りがちである。結果、いつも同じ子どもばかり発言するようになってしまう。それを防ぐために、新たなルールを追加する。

それは、「はい」が重なったら、まだ発言していない子ども、発言回数の少ない子どもに発言権があるというルールである。最初のうちはうまくできないかもしれない。そんなときは、教師から、「まだ言ってない人は誰?」や「発言回数が少ない方はどっち?」のように投げかける。そして、できるようになったら、子どもたちに任せるのである。このとき、子どもたちは、発言を譲り合うふるまいをするときがある。それも悪くはないが、できれば、子ども自身に「今は発言するとき」「今は発言しないとき」のように自己決定させたい。そうすることで、発言するときにもしないときにも、自己決定の力を発揮するようになる。そして、それに加えて、授業の場面場面で教師の意図的指名も活用すれば、教師の意図も反映され、授業の停滞や這《は》い回りを防ぐことができる。それが、授業の進行を適切に行うことにもつながる。

(3) 賛成意見から発言する

賛成意見で対話を構成すること、そのためには「聞くこと」が重要であることは、前述の通りである。ここでは、まず、教科ごとに絞って、賛成意見を続けることについて述べることにする。

① 国語科

対話の学習に入る前に、子どもたちは自分なりの読みを持っている。それを「一人読み」と呼ぶが、この一人読みには、次の二つの内容が含まれている。一つは、子どもが着目したりこだわったりした言葉や叙述である。これらは、教材文の本文、つまりテキストから選ばれたものである。もう一つは、それらの言葉や叙述に対する子どもたちのイメージや考えである。これを「その子なりの読み」と呼ぶことができる。前者でも後者でも、賛成意見を続けることができる。

前者の言葉や叙述で賛成意見を続けると、子どもたちは同じところで、それぞれの読みを交流していく。そうすると、一つの言葉や叙述で、読みが増えていくことになる。その結果、一つの言葉や叙述に対するイメージが豊かになっていく。後者の読みで賛成意見を続けると、その言葉や叙述に対するイメージも豊かになるが、同じ読みで違う言葉や叙述に転移していく。例えば、ある言葉から『一人ぼっちで寂しかったんだと思う』という読みが出てきたら、それと同じ「寂しい心情」が分かる別の言葉や叙述に読みが広がっていく。

② 算数科

算数科でも、一人学習には、二つの内容が含まれている。一つは、課題や問題に対する自分なりの答えであり、もう一つは、その答えに至った自分なりの考え方である。もちろん一人学習の段階で、『分からなかった』『ここまでは分かったけれど、その後が分からなかった』などでも構わないことは前述の通りである。

賛成意見を続けるときは、自分なりの答えで続くようにする。そして、単に答えだけでなく、その答えに至った考え方も発言させる。そうすることで、一つの答えでいくつかの考え方が出てくる。その考え方の違いが、数学的な思考を反映している。例えば、これまでの学習と比較した考えやそこから類推した考え、あるいは関連づけた考えなどである。これらを交流することで、数学的な思考が深まっていく。また、その過程で自分なりの答えや考え方が間違っていたことに気づいたり、分からなかったことが分かるようになったりする。

③ **社会科や理科**

社会科や理科でも国語科や算数科と同様で、一人学習には二つのことが含まれている。一つは、調べたり観察したりして見つけた社会的（歴史的）事象や科学的事象である。もう一つは、それらの事象から自分なりに思ったり考えたりしたことである。

前者で賛成意見を続けると、一つの事象に対して様々な考えが出てきて、その事象の理解が深まる。また、後者で賛成意見を続けると、事象と事象を関連づけるようになり、社会的な思考や判断、科学的な思考が深まる。特に、理科では、実験をするときの予想を一人学習させるときに、なぜそのような予想になったかということも考えさせるようにする。そうすることで、既習事項と比較したり関連づけたり、そこから類推したりという思考を活用するようになり、科学的な思考力が伸びる。

④ その他の教科や領域

音楽や図工などの表現教科でも、自分なりの表現の具体や工夫で賛成意見を続けることができる。また、体育科でも同様である。ただし、これらの教科では、具体的な活動の時間をしっかりと確保したい。そのために、交流の時間は最小限にする。

特別の教科である道徳の授業でも、賛成意見を続けることが有効である。道徳の授業では一時間に一教材を扱うことが多い。また、その教材にはいくつか種類があり、ある程度類別できる。その一つ目は、物語型である。登場人物が行動し、その時々の心情が描かれている。二つ目が、説話型である。これは物語型と似ているが、一人称で語られていることが多い。また、過去の出来事を思い出して語るという教材も少なくない。三つ目が、伝記型である。過去の偉人や現在活躍している人物の生き方や努力が描かれている。四つ目が、説明的文章型である。これは、自然や社会的な出来事から子どもたちが知らない内容を説明していることが多い。

物語型や説話型では、登場人物の行動に賛成意見を続けながら、その行動の道徳的吟味や心情の理解などができる。また、伝記型では、子どもがすごいなぁと思ったことを賛成意見で続ける。そして、説明的文章型では、子どもたちが初めて知ったことやなるほどなぁと思ったことを続けるようにする。

以上のようにどの授業でも賛成意見を続けることができ、それぞれの教科のねらいに迫ったり活動をより深めたりすることができる。

ところで、賛成意見を続けるとき、次のルールを付け加えることで、授業をよりスムーズに進めることができる。それは、「はい」の返事の後に「私（ぼく）は」と「私（ぼく）も」と続けることである。このようにするだけで、賛成意見かそうでないかが判断できる。子どもが、「はい、私（ぼく）も」で発言を始めたら、賛成意見であることが分かる。一方、「はい、私（ぼく）は」で始まれば別の意見となるので、教師がまだ賛成意見を続けたいと思えば、そこで止めることができる。そうでなければ、子どもの発言を全部聞き終わらないと判断できず、その後に賛成意見に戻すことになり、授業の流れが滞る。子どもの側からしても、せっかく発言したのにという思いが残るだろう。

「はい、私（ぼく）は／も」で判断することの他にも、賛成意見を続けることは教師にとっての利点がたくさんある。ここからは、それらを紹介したい。

まず、賛成意見を続けない場合を考えてみよう。一人目の発言と二人目の発言が全く別の場合、さらに三人目も別のように、次々と異なる発言が続くと、それらについていくことが難しい。一般的に、子どもが発言した内容を板書することが多いが、それも追いつかなくなってしまう。そうなると、板書が終わるまで子どもたちを待たせることになり、授業の進行が途切れがちになってしまう。また、教師が追いつけないのに、他の子どもたちが追いつけるはずはない。その結果、授業が混沌《こんとん》としてしまうのである。

ところが、教師も子どもも賛成意見が続くことが分かっていれば、今、何について交流しているかということが分かる。そうなれば、全員参加も期待できる。そして、ある程度賛成意見が続いたら、次の内容に進めばいい。また、賛成意見が続かないときとは違って、教師は、板書も楽になる。子どもたちの賛成意見にある、少しの違いや付け加えなどだけを板書すればいいからである。

そして、賛成意見を続けることの大きな利点は、授業を進めながら教師にゆとりが生まれることである。賛成意見が続くことが分かっていれば、子どもの発言の聞き方や受け止め方が効果的になる。それは、板書が楽になるのと同様である。子どもの考えを聞きながら、それについて考えたり分析したりできる。また、ときには、教材分析や授業の展開構想などをすることも可能なのである。

(4) ルールは子どもと共に

ここまで、対話的な授業を展開するための、話し合いのルールについて説明してきた。この他にも、いろいろなルールがあるだろう。ただ、ルールは最小限にすべきである。ルールが多すぎると、子どもたちは窮屈に感じることが多いからである。また、たくさんのルールがきちんと守られているか、教師も子どももそちらに注意が向き、授業の内容が二の次になることもある。

このルールを作るときは、子どもたちが腑《ふ》に落ちるようにしなければならない。どうしてそうするのかという理由や、そうすることの意味を、子どもたちがきちんと理解するように指導する。もし、子どもたちが納得できないと、形式的にそうしているだけになったり、強制されてやっていたり、というようになってしまう。

そこで、子どもを言いくるめるのではなく、「なるほど、このやり方がいい」と思えるような指導をする。例えば、「意見のある子どもは立つ」だと、挙手と起立と両方体験させて、どちらが長時間続けるのに楽であるかを実感させる。子どもたちが、立っている方が楽だということはすぐに気づくだろう。

また、「はい」が重なったら、発言回数の少ない子どもからというルールも、同じ子どもばかり発言していては全員参加とは言えないと説明する。発言の得意な子どももそうでない子どもも発言できる方が良いというのは、教師だけでなく、子どもたちも納得できることである。

そして、賛成意見から発言するというルールは、具体的な例を示しながら指導する。例えば、お店屋さんで注文を受ける場面を想像させる。そして、たくさんの人がバラバラに注文するときと、同じ注文が続くときと、どちらが注文を受けやすいか考えさせるのである。子どもたちは、容易に、同じ注文が続く方が楽だということに気づく。

ルールの数が少なければ、このような指導をする時間も手間も少なくなる。そして、子どもがきちんと納得していれば、自らそのルールに則って話し合いに参加しようとする。

3 教師の働きかけ

(1) コーディネートの具体

「参加―構成」型の授業では、教師の立場は、指導者や支援者、促進者などではなく、子どもたちの意見や考えをうまく調整する人であるコーディネーターがよいと考えている。子どもたちは、自らの意見や考えを持って授業に参加してくる。そして、それを交流や対話で伝えたりそれに応えたりする。それらをうまく調整するのが教師の働きかけなのである。

そのコーディネーターとしての働きかけについて、これまでの実践を通して、次の七つを導出した。それらは、「うながす」「つなぐ」「もどす」「問い返す」「ゆさぶる」「せまる」「意味/価値づける」である。以下に、それぞれについて詳述する。

① うながす

子どもたちに、ある活動をするように指示することである。

授業の最初の場面では、子どもたち全員が自分なりの考えを持っているので、それを出すように働きかける。「意見のある人は立ちなさい」や「誰からでもいいので、発言しましょう」のようにである。指示ではあるが、促すという意味から、「〜しましょう」のようになってもいいだろう。

また、授業の途中では、ある子どもの意見について考えさせることが多い。そんなときは、「今の意見に、賛成か、反対か、質問か、分からないか、決めなさい」や、「決まった人から立ちましょう」のように働きかける。

② つなぐ

これは、これまでにも述べてきた、賛成意見を続けることである。一人の子どもの発言に、それに賛成できる子どもが続くようにする。「賛成の人からどうぞ」や「賛成意見の人はいませんか?」のようにである。子どもたちが、賛成意見を続けることを理解してできるようになれば、子どもたちに任せればいい。そうでないときは、教師が間に入って、賛成意見を続けられるように促していく。

③ もどす

子どもたちが様々な発言をする中で、特に取り上げたい意見や考えが出たとき、そこで立ち止まって全体に投げかける。「Aさんは、〜と言っているけれど、みんなはどうですか?」のようにである。このとき、「うながす」でも述べたが、賛成か、反対か、質問か、分からないかで応えられるようにする。

教師が立ち止まりたいときというのは、その授業の中で目標に迫るような発言や考え、授業がより深まったり盛り上がったりすることが期待できる発言や考え、などが考えられる。そして、一旦、子どもたちに戻したら、ある程度の子どもたちが自分なりの意見を持つまで、待たなければならない。

④ 問い返す

子どもたちの発言の中には、冗長なものや曖昧なものも含まれることがある。それらを明確化する働きかけである。具体的には、「今の発言の中で、一番言いたいことは何ですか?」や「特にどの言葉(出来事)からそう思いましたか?」のように問いかける。

問いかけだけでなく、子どもが言いたいことをうまくまとめて言い換えてもいいだろう。ただし、言い換えには、本当にその子どもが言いたいことかどうかに注意する必要がある。そうでなければ、教師が自分に都合のいいように言い換えてしまうこともあるからだ。そこで、きちんと子どもに「～ということですか?」と問い返して、了承されなければならない。

⑤ ゆさぶる

子どもたちの活動や思考が停滞しているときに、それを活性化するための働きかけである。「本当に、～でいいんですね」や「賛成がないということは、全員反対ですね」のように働きかける。

このゆさぶりの特徴は、子どもたちが「はい」と肯定しないような内容を含んでいることである。肯定してしまっては、停滞は解消されない。子どもたちが、「いや、そんなことはない」と奮起するから、停滞していた活動や思考が再始動するのである。

⑥ せまる

子どもたちが発言しているとき、その途中で詰まって言えなくなったり、忘れてしまったりすることがある。そんなときに、「言えるようになったら言ってね」や「思い出したら言いましょう」のように働きかけることもあるだろう。

しかし、このような再挑戦を促す働きかけに、全ての子どもたちが応えられるわけではない。こんなときこそ、教師はひるまずに子どもを支えなければならない。「今ね、～の意見なんだよ。それに賛成だったら、はい、私も賛成で……と続ければいいんだよ」のように働きかける。

⑦　意味／価値づける

授業の最後に、その授業の学びをまとめたり、授業自体を評価したりする働きかけである。「今日の授業で学んだことは～ですよ」のように、授業で初めて知ったことやその意味を説明するのが、「意味づける」ことである。また、「今日の授業は、ここで話し合いが深まりました」のように、授業での頑張りや活躍を評価する。これが、「価値づける」である。

以上の七つの働きかけの中で、①から⑥を組み合わせて授業を展開していく。そして、授業終了時に⑦の働きかけをして、学びの振り返りとまとめをする。

(2)　意図的指名

対話を重視した「参加―構成」型の授業では、子どもの自主的な発言を重視している。しかし、そればかりでは、授業がうまく進まないこともある。そんなときには、教師の意図的な指名で発言させる。では、どんな教師の意図があるのだろうか。それらについて、まとめていく。

まず、発言の偏りをなくすという意図である。教師は、同じ子どもばかり、発言の得意な子どもばかりではなく、できるだけ全員が発言できるようにと考える。そこで、まだ発言していない子どもや、発言が苦手な子どもを指名して発言させる。

ただ、発言が苦手な子どもや、発言に消極的な子どもを指名するには、ある程度の配慮が必要である。それは、そういう子どもが、発言してよかったと思えるようにすることである。もし、発言したときにうまくいかなかったと思ってしまったら、その子どもの発言に対する苦手意識や消極性は解消されないだろう。

そこで、その子どもの発言の力や意欲とそのときの授業内容とを照らし合わせ、その子どもにぴったりの状況を見極めるようにする。また、賛成意見であれば、発言に苦手意識や消極的な子どもでも発言しやすい。したがって、「つなぐ」状況で発言を促す指名をするのも有効な方法である。

次に、ある子どもの活躍を期待する意図がある。ここでこの子に活躍してほしい、一人学習であれだけ頑張ったのだからそれを発言してほしい、のような思いから指名する。これらの思いには、ここではこの子が活躍できる、頑張って発言できるという、ある程度の確信が必要である。確信とまではいかなくても、活躍できるだろう、頑張れるだろうという予測でもいい。

仮に、その予測が外れた場合は、きちんと教師が支えなければならない。例えば、なかなか発言しない、途中で止まってしまうというような状況がある。そんなときは、それらを解消できる方法を用意しておく。発言が途切れてしまったら、「せまる」働きかけをしたり、一人学習を見て何を発言すればいいか助言したりする。

三つ目の意図は、子どものひらめきを生かすという意図である。授業の中で、「もどす」働きかけをしたときに、子どもの中には、ぱっと表情を変えて、何か思いついた反応をする子どもがいる。その子どもを指名して、そのときに思いついたことや、ひらめいたことを発言させるのである。

この意図的指名を成功させるためには、常日頃から子どもの様子をよく観察しておかなければならない。つまり、子ども理解が不可欠なのである。子どものことをより理解していればいるほど、子どもの少しの変化に気づくことができる。それらをもとにすることで、授業を盛り上げたり深めたりする発言とすることができるのである。

最後に、たくさん出た発言を整理したりまとめたりする意図がある。子どもたちの発言が賛成意見からたくさん出たときに、「じゃあ、ここまでをまとめてくれる人いない？」のように呼びかけ、それに応じた子どもを指名する。このまとめたり要約したりするというのは、子どもの発達段階や能力によっては難しいことがある。そんなときには、無理せず、教師の方で整理したりまとめたりする。

ただ、まとめるというのは統合する認識法だし、整理するというのは比較したり分類したりする認識法である。子どもたちにこのような認識の力も身につけさせたい。したがって、最初はできなくても、少しずつできるように指導したいものである。具体的には、教師がその範を見せ、できる子どもを増やしていくようにする。

(3) ヤマ場の設定

自分なりの考えを持って参加していくことで授業が始まる。それに賛成意見を続けていくと、出せ出せで終わってしまうことがある。授業の中での新たな気づきや発見のないまま、授業が進んでいく。また、賛成意見がある程度続いた後、次の別の意見に移っていき、それについても賛成意見を続けていく。このように授業が進むと、どうしても単調になってしまう。授業に盛り上がりや深まりがなく、淡々と進んでいくのである。やはり、授業の中では、一人学習だけでは気づかなかったことに気づけるよう、より深く考えさせる場面が必要なのである。

例えば、国語科では、イメージをより深く想像させるような場面である。そのために、レトリックに気づかせ、その意味や効果からより深いイメージ化を図る。また、算数科では、比較や分類、仮定や類推などの数学的思考を発揮させるような場面である。問題や課題を解いたときに活用した思考に気づかせる。そして、社会科では、社会的な判断をさせるような場面、理科では観察や実験の結果から考察する場面などが考えられる。他の教科や領域でも同様に、そこまでの授業から一段階上がるような場面が、ヤマ場となる。

このヤマ場の設定は、授業前に行うときと、授業をしながら設定するときとがある。どちらも、事前の教材分析が重要である。

教材分析では、それぞれの教材の元となる材料や事象についての分析が必要となる。この分析は、教師自身が一人の大人としてそれらの材料や事象をどう考えるかというものである。例えば、国語科の物語文では、作品分析となり、教師自身がその物語を分析していく。このとき、子どもがどう読むかということは考えない。

この分析を経て、次に目の前の子どもを視野に入れた分析をする。これが教材分析である。例えば、算数科で計算の習得をねらう教材では、子どもたちがどのような受け止め方をし、どのような思考を活用し、どのような道筋で問題を解いていくかということを分析する。

社会科や理科や、その他の教科でも同様で、まずは材料や事象についての分析をした後、教材分析をする。ただ、全ての教材について分析する必要はない。どの教科や領域でも、一つの教材を深く分析すれば、その方法や内容が他の教材に転移していくからである。それは、授業を進めながら分析することも可能とする。授業を進めながら、子どもの考えを聞いて考えることで、一度深く分析した経験が転移するのである。

具体的にヤマ場を授業の中で展開していく方法として、次の二通りがあると考えている。一つは、発問の形をとることである。もう一つは、子どもの発言を取り上げて「もどす」方法である。

前者は、「発問―応答」型の主発問と似ている。しかし、「発問―応答」型のように発問を構成して主発問に至るのとは異なり、ヤマ場までの子どもたちの発言や対話をもとに全員に問いかける。また、全員に問いかけるときには、全員が何らかの考えを持てるような問いにする。例えば、「ここまで……のように学習してきたけれど、板書を見て気づくことはありませんか？」や「みんなの意見のこれとこれを比べて、どう違いますか？」のようにである。

後者は、教師のコーディネートの方法である「もどす」働きかけそのものである。発問は子どもが答えられることを前提に発案され、子どもが答えられるということは問われなくても気づく子どももいることは、前述の通りである。したがって、授業のヤマ場になるような考えを一人学習の段階で気づいている子どもがいてもおかしくない。その子どもの発言をもとに全員で考えることで、授業が盛り上がったり深まったりする。

その例として、国語科の授業、教材は六年生「海のいのち」を紹介したい。授業の目標は、太一の行動、様子、心情をイメージ化することであり、学習場面は物語の最後の場面である。太一が父の仇《かたき》と狙っていたクエと対峙《たいじ》する場面である。そして、授業に入る前に、ヤマ場として太一の心情の変化を設定し、「太一の気持ちが変わったところはどこだろう」という問いを用意していた。

授業が始まると、子どもたちは、一人読みで形成した自分なりの読みを次々と発言していった。一人の意見の叙述に賛成し、次の叙述に進むというように授業は展開していた。そして、子どもたちのこだわった叙述が、太一の行動の変化のところに進んだとき、一人の子どもが、『私は、ここで太一の気持ちが変わったと思います。それまで、敵としか考えていなかったのに、ここからは違っています。』という発言をした。この読みは、まさに用意していた問いと同じである。

そこで、『今、Ａさんは、ここで太一の気持ちが変わったと言っているけれど、みんなどう思いますか？』と全員に戻した。子どもたちは、Ａさんに賛成か反対か、質問か分からないかのどれかで反応しようとした。賛成意見から発言を促し、多くの子どもが、太一の心情の変化を読み取っていった。

このように、「もどす」働きかけで、ヤマ場を作ることができる。そして、この方法で思考する子どもたちは、教師に発問されたから考えようとするのではなく、友達の考えに応えようと考える。こちらの方が、子ども同士の対話がより促進されたと言える。

(4)　子どもの発言を受け止める

授業では、子どもたちが自主的に発言し、対話する。その発言をきちんと認めて受容することが、教師には必要である。その方法の一つが、子どもの発言時における、頷《うなず》きや相槌《あいづち》である。子どもの発言の切れ目に、うなずいたり相槌を入れたりする。どちらも、発言をきちんと聞いているということを、発言している子どもに伝える方法である。

頷きはそれ自体で肯定的であるが、相槌には少し注意が必要である。相槌の種類によっては、否定的に受け止められたり、懐疑的に聞き取られたりするからである。「へー」や「うん、うん」などがそうである。前者は懐疑的な感じがするし、後者は聞いていないようにすら感じられる。

そこで、「ほう」や「はい」を使うようにする。特に、「ほう」は、カウンセリング時に、患者が一番話しやすい相槌だと言われている。カウンセリングは患者の話を聞くことが主であり、同じように子どもが話すのを聞く教師にとっても有効であろう。また、「ほう」のイントネーションを変えることで、驚きや感心を表現することもできる。

子どもの発言を受容するもう一つの方法が、板書である。子どもが発言したことを文字にして、黒板に記していく。このとき、教師にとって都合のいい発言だけを書いていくのは、子どもを誘導することに他ならない。なぜなら、子どもたちは板書される発言がいい意見だと考えるようになり、板書されるように発言を制限されてしまうからである。

そうならないように、原則として、子どもたちの全ての発言を板書する。全てというと不可能に思われたり、大変だと感じたりするかもしれない。しかし、賛成意見が続くのであるから、少しの違いだけを短く書けばいいので、それほど難しくない。難しいのは、間違いや教師の想定外の発言である。それらもきちんと黒板に残すようにする。間違いの中に、大切な思考法や別の教材につながる内容が含まれていることがある。それらを解釈したり言い換えたりして、受け止める。

全ての子どもの発言を黒板に残すのであるから、授業が終わるときには、その時間にどのような学習をしてきたかが黒板に残る。つまり、完成した板書は、子どもたちの学びの足跡となる。どのような言葉や事象にこだわり、それについてどのように考えたかが残っているのである。授業の終末には、板書を用いてまとめたり、振り返ったりすることができる。さらに、ネーム磁石などで、どの発言が誰の発言かを明示し、写真などで記録することもできる。その記録をもとに、評価にも活用することができる。

また、どこに書くかという問題は、教材の論理に即するのがいいと考えている。例えば、国語や道徳のような縦書きであれば、学習する場面の最初が右端で、終わりが左端になるように、右から左へと書いていく。横書きの教科の場合は、横長の黒板を三分割して、学習のはじめが左上で、上から下に書いていき、一番下まで行ったら真ん中のところへと進む。同様に書き進み、右下の部分が終わりになる。もちろん、三つに分けずに書いていく方法もあるので、様々な工夫をすればいい。大切なことは、後から見て、学習した教材の内容が分かるように、構造的に書くことなのである。

そして、チョークの色使いにも工夫したい。子どもに考えさせたいことは赤色を使う。ただし、赤色で文字を書くのではなく、白で書いた文字に赤で傍線を引いたり四角で囲んだりする。次に、教材のテキストや事象は白で書き、それに対する子どもの考えを黄色で書くようにする。そして、子どもの考えで少し異なるものはオレンジや緑を使う。さらに、比較や仮定、類推やレトリックなどは、青色で書く。ただし、カラフルになりすぎないように注意が必要である。子どもの中には、多彩すぎて集中できない子どももいるからである。それを防ぐためにも、傍線や囲み、吹き出しなどをうまく活用する。

最近は、ホワイトボードなども増えてきている。しかし、板書の仕方は同じである。色についても、白チョークが黒のマーカーに変わる程度である。そして、子どもの発言を受容することを目的に、子どもの学びの足跡や教材の構造などに留意しながら、板書を作成するのである。

4 「参加―構成」型の授業で身に付く力

(1) 学習意欲の向上

授業に参加する前に自分なりの考えを持っているということは、授業が始まるまでにどんな内容を学習するかある程度理解していることになる。そして、このことが授業に対する子どもたちの意欲を向上させる。もし授業が始まるまで、子どもたちが何も知らないとすれば、授業開始時には教師の働きかけを待つ受動的な構えとなるだろう。しかし、あらかじめ学習内容を知っていれば、授業開始前から、それに対して楽しみにしたり期待したりする。また、自分なりの考えを持っているということから、それを発言したいという気持ちも高まる。このように、子どもたちの学習に対する意欲が高まるのである。

授業が始まるまでに学習内容を理解させたり、自分なりの考えを持たせたりするためには、前日の連絡を工夫しなければならない。よく連絡帳に次の日に学習する教科と家庭学習だけを書かせ、それを家庭に持って帰らせる連絡の仕方がある。しかし、これでは子どもたちはそれぞれの教科でどんな学習をするか理解できない。そこで、教科とともに学習内容や学習課題も一緒に記録させるようにする。

このような連絡帳を持って帰った子どもたちは、家庭学習も変わってくる。それは、復習的な学習から予習的な学習に変わるのである。一般的な家庭学習では、その日に学習した算数の計算を復習したり、漢字練習をしたりすることが多いのではないだろうか。もちろん、それらも大切なのだが、それらに加えて次の日の学習の準備をすることが、「参加―構成」型の授業に必要となる。その準備の中に、自分なりの考えを形成するということが含まれるからである。また、復習的な学習は、もともと学習意欲の高い子どもや真面目に学習に取り組む子どもには、特に問題がない。しかし、そうでない子どもにとっては、自主的にはなかなか取り組むことが難しい。算数科を例に考える。

算数が得意な子どもや好きな子どもは、復習的な学習、例えば計算ドリルの一ページのような学習でも、短時間で済む。しかし、算数が苦手だったり嫌いだったりする子どもは、時間がかかるし間違いも多くなってしまう。そうなれば、どうしてもやる気が出なくなり、宿題をやってこないことも増える。当然、教師は、学校の休み時間を使ってやらせたり、やってくるように指導したりするだろう。ただ、自ら進んで学習するのとは異なり、やる気も学力の定着も劣ってしまう。

それに反して、予習的な課題について考えるような学習、例えば五年生「三角形の面積はどうやって求めるのか」について考えるような場合、それぞれの子どもは、自分の学力に応じて取り組むことができる。教科書を参考にしてノートに説明を書いたり、途中まで分かったことをまとめたりする。また、考えたけれど分からないというのでもいい。自分なりの考えを持てばいいのであるから、家庭学習に対する意欲も高まる。

このようにして、学習意欲も高く始められる授業では、教師がいなくても子どもたちだけで対話や交流を始めることができる。つまり、子どもたちだけで、授業を始められるのである。もちろんそれには、前述の話し合いのルールを理解して習得していることが前提となる。

教師が教室に来るまで、子どもたちは国語科では音読練習をしていたり、算数科ではドリルの答え合わせをしていたりする。これもある意味、子どもたちの自主的な学習の姿ではある。しかし、音読練習やドリルが必ずしもその授業と関係があるとは限らない。どちらかというと、先生が来るまでの時間つぶしのようなものである。しかし、自分なりの考えを持っていれば、授業開始とともに、教師がいようといまいと、話し合いのルールに則って、子どもたちだけで始めることができる。もちろん、教師がいる方が内容も展開もよくなるのは当然だが、例えば自習のような時間も、子どもたちだけで授業をすることが可能なのである。

授業開始時だけでなく、授業が進んでいく途中も、子どもたちの発言しようという意欲は低下しない。なぜなら、子どもたちは自分なりの考えを持っているので、それと比較しながら他者の発言を聞くようになるからである。そして、それが次の発言をしようという意欲につながる。

以上のように、どれを見ても、意欲的だと言えるだろう。この意欲的な活動を繰り返すことで、授業や家庭学習が楽しいものになり、ますます子どもたちの学習意欲が高まるのである。

(2) 知識や技能の確実な習得

子どもたちは、授業に入る前に、その学習内容について学校や家庭で自分なりに考えている。ということは、その内容に含まれている知識や技能についても、授業に入る前に触れていることになる。その知識や技能をどの程度理解しているかは、個人差がある。それでも、一度触れているということは、その子なりに身に付いていることになる。

もちろん、算数科ではその知識や技能が理解できない、「分からない」ということもあるだろう。また、他の教科でも間違っていたり曖昧だったりすることもあるだろう。しかし、学習内容について、そこにある知識や技能について全く白紙の状態から出会うのとは、大きな違いがある。それは、その知識や技能に対する既知感の違いである。

この既知感があるのとないのとでは、子どもたちの学びの速度が異なってくる。例えば、国語科で文章を音読させるとき、スラスラ読めない言葉や叙述は、子どもたちにとって既知感、つまり馴染《なじ》みのないものである。また、理科や社会科で出てくる知識で、読み間違えたり変な読み方になったりする事も、子どもたちにとって馴染みのないものである。これら既知感の薄い、あるいは全くない言葉や事象に授業でいきなり出会うのと、ある程度の既知感を持って再会するのとでは、後者の方が早く理解できるのである。

そして、実際の授業の中では、既知感のある知識や技能は、繰り返されることで確かなものとなる。間違いや曖昧さ、分からなさなどは、修正されたり明らかにされたりすることが繰り返しとなり、正しい知識や技能に確かに変換される。そして、授業の中の話し合いのルールである「賛成意見を続ける」ことも、繰り返しを促進する。つまり、賛成意見をある程度繰り返すことが反復練習となり、知識や技能の確実な習得となる。

さらに、子どもたちを指導する教師も、授業の中の子どもたちの対話や話し合いを通して、知識や技能をどの程度理解したのかを把握することができる。それは、子どもたちの自分なりの考えが、話し合いを通してどのように変わっていったのかに着目すれば可能である。その変化は、子どもの発言の仕方や内容によって判断できる。それは、前述の通り、新しい知識や技能の言葉や説明をすらすらと言えるようになったかどうかで分かる。

ただ、学級の子どもの人数が多いような場合は、全員が発言することが困難であり、発言していない子どもの理解を把握しづらくなる。そんなときは、きちんと理解できているかを子ども同士で評価し合うような活動を取り入れればいい。例えば、算数科で、立式の仕方を理解しているかどうかを確認するのに、話し合いで発言した子どもについてはその内容から評価できる。しかし、人数が多いと全員発言する時間がないことが多く、発言していない子どもがどの程度理解できているか分かりづらい。

そこで、授業の途中に、まだ発言していない子どもがきちんと説明できるかどうか、発言した子どもに伝える活動をする。実際は、教室のあちらこちらで、まだ発言していない子どもが説明をする。この活動も立派な対話であり、この対話を通して、子ども同士で評価し合うことが可能になる。

また、授業の終わりに、その時間に学習したことを振り返らせ、授業で初めて知ったことや思ったことを書きまとめさせるという方法も有効である。全員同時に書くので、発言した子どももそうでない子どもも、同様に評価できる。ただ、全員が書き終わって、それを読まないと評価できないという難点もある。

このように、どの程度理解しているかを教師が把握できるということは、それに基づいて個別に指導できるということを意味する。そのような個に応じた指導をすることで、全ての子どもたちが、知識や技能をより確かに習得できるのである。

(3) 発言力と応答力

授業の中で、子どもたちは問われてから考え、考えてから発言するのではない。自分なりに考えてきているから、それを発言するだけでいい。これは、子どもたちの発言の全体数が増えることを意味している。実際、授業開始時にはほぼ全員が立ち、発言しようとする。それだけでなく、一人の子どもに焦点を当てると、その子自身の発言数も増えるのである。

例えば、国語科で、授業の学習場面全体について一人学習をしている場合、一つの言葉や叙述に関する対話から次の言葉や叙述に移っても、自分なりの読みがあることになる。そこでも発言することが可能であり、それが繰り返されることで発言する力が伸びる。

また、算数科でも、教科書で紹介してあるいくつかの考え方について自分なりの考えを持っていれば、一つの考え方の理解が終われば、次の考え方に移っても発言できる。同様に、社会科や理科でも、一つの課題や問題についていくつかの事象を一人学習していれば、一つの事象についての対話が終わっても、二つ目、三つ目の事象について発言できる。

そして、話し合いのルールにある「賛成意見を続ける」ことが、発言を容易にする。前述の通り、賛成意見が続くことが分かっていれば安心できる。最初に発言する子どもは、自分の後に誰かが賛成してくれると思い、自信を持って発言できる。また、二番目以降でも、自分と賛成の子どもがいることで、不安を持たずに発言できる。

賛成意見は、一人学習で自分なりに考えていない発言に対しても、発言することが容易である。それが「聞いて賛成」である。これは、友達の発言を聞いていて、一人学習では考えていなかったけれど、なるほど確かにそうだ、と納得したときにする発言である。この発言を促すことで、子どもたちの発言はさらに増える。

このように、子どもたちの発言する数が増え、発言力が伸びる。しかし、ときには発言が多すぎて、授業がなかなか進まないという問題も生じる。

そんなときは、一人学習で考えてきている複数の自分なりの考えから、特に発言したい考えを選ばせるようにする。そして、その選んだ発言だけは、必ず発言できることを保証する。特に発言したいというのは、「この考えは自信がある」や「この考えは自分だけだろう」という発言であり、それらを選ばせるようにする。そうすることで、何でもかんでも賛成して、発言の数が制限なく増えることを防ぐことができる。しかし、選択した考えに制限しすぎると、発言数が減ることも考えられる。そうならないように、自分が選んだ考えは最低限発言し、その他の考えは賛成意見で発言してもいいこととする。大切なことは、教師がどの程度賛成意見を続けさせるかということである。その程度によって、授業の進む速度が決まってくる。

ある子どもが発言するとき、それ以外の子どもたちは聞いていることになる。そのとき子どもたちは、自分なりの考えと比較しながら聞いている。このことは、今の発言に賛成か反対か、質問か、分からないかを決め、その発言に応えることを促す。あるいは、教師の「もどす」働きかけで、同様の反応が作動する。これらが、子どもたちの反応する力、応答する力を伸ばす。

ところで、教室の前面に、発言の仕方が発表の仕方というタイトルで掲示されていることがある。その中で応答する発言の仕方として、「私も○○さんと同じで、……です。」や「私は、○○さんに似ていて、……です。」「私は、○○さんに付け加えて、……だと思います。」、「私は、○○さんと違って、……です。」など細かく示されている。しかし、始めの三つは、賛成意見としてまとめることができ、「私も○○さんに賛成で、……」というように指導すればいい。この方が子どもたちも容易にその発言の仕方を習得し、他者の発言に応答することができる。また、賛成でないということは反対になり、賛成か反対かがかなり容易に決めることができ、早く応答できる。

応答の仕方では、発言者が「……だと思います。どうですか?」と問い、全員で「いいです。」「同じです。」のように応えさせるものがある。しかし、これでは子どもたちの応答する力は伸びない。これらは、きちんと聞いていることへの応答として指導するのだろうが、この応答を繰り返しているうちに形式化していく。「どうですか?」と問われたら「いいです。」や「同じです。」と言えばいいとなりがちなのである。しかし、大切なことは、何がいいのか、どこが同じかということである。それを抜きにしてただ「いい」「同じ」と応えるのは、形式化している。また、一字一句違《たが》わずに、全く同じということはあり得ないだろう。そして、同じではあるが、ここが違うということが大切なのであり、賛成意見でもその違いを大切にしていかなければならない。

以上のように、子どもたちの発言の数が増え、一人の発言に対する反応が増すので、子どもたちの発言力と応答力が伸びる。これらが対話における子どもたちの活動を活発にし、躍動感のある授業をつくることに結びついていく。

(4) 思考力

「参加―構成」型の授業では、子どもたちは自分なりの考えを持って授業に参加する。いきなり、参加から始まるので、それぞれの発言について思考することがすぐに始まる。そして、賛成かどうかと思考して発言がつながっていく。これは比較の思考法を用いている。他者の発言と自分なりの考えを比較し、何が同じで何が違うのかということを思考するのである。また、自分なりの考えが、これまでの学習や既習事項とどのような関連があるのかというような、比較の上での関連づけという思考もする。別の言い方をすると、子ども同士の対話や話し合いというのは、この思考を促し、思考を深めていることに他ならない。

では、どのような思考法があるのだろうか。これまでの実践から、子どもたちの思考を導出し、整理してみた。それが、表1（P．102）である。それぞれについて、簡単に説明する。

① 比較する

自分の考えと他者の考えを比較する、国語科の叙述と叙述を比較する、算数科でこれまでの学習と今日の学習を比較する、社会科や理科などの事象と事象を比較する、というように、どの教科や領域でも活用することができる。そして、比較することで、何が同じで何が違うかということを思考する。前者は類似性を、後者は相違性を見つけることになる。この思考法が、授業における深まりを導く。また、一年生からでもできる思考法なので、どの学年でもできる思考法である。

表1　思考法の種類

- 比較する
- 順序立てる
- 分類・統合する
- 仮定する
- 要約する
- 関連づける
- 類推する
- 総合的に見る
- 多面的に見る
- 多元的に見る

② 順序立てる

順序立てて、文章を読む、計算したり問題を解いたりする、事象を捉えるなどの思考法である。また、発言するときに順序に気をつけて話すや、順序よく聞くというような、授業における発言や対話などに必要な思考法でもある。さらに、順序立てるということは、論理的に思考するということにもつながる。そのためにも、だらだらと冗長に思考するのではなく、短文を順序よく積み重ねて思考することが必要である。

③ 分類・統合する

比較して類似点や相違点が見つかれば、類似点で分類したり、それらを統合したりすることができる。実は、分類するということは、同じ種類でまとめるということであり、分類と統合は表裏一体であると言える。国語科の説明的文章などで文章の内容で段落を分類したり、算数科で問題の解き方やその考え方の種類で分類・統合したりする。また、道徳のモラルジレンマ授業などで、自分なりの考えを対立するどちらにするのかを決定するときなどに用いる思考法である。そして、子どもたちの発言からその考えを分類することで、授業を整理することも可能である。

④ 仮定する

「もし～だったら……」という思考法であり、どの教科や領域でも活用できるが、特に算数科や理科で用いることが有効である。算数科で、子どもたちが一つの問題を解決できたと考えたときに、「もし、ここが違う数字だったらどうなるのか」と思考できる。例えば、四年生の割り算の筆算の学習で、「二桁割る二桁」の問題が解決したときに、「もし、割られる数が三桁ならどうなるのか」のように考えさせるのである。このように思考することで、新たな問題を見つけて次の授業へとつなぐことができる。また、理科であれば、この仮定の思考法が仮説になり、それを検証する授業ができる。

⑤ 要約する

国語科で、文章の内容を短くまとめる要約の力が学習指導要領にも示されている。しかし、国語科だけでなく、他の教科や領域でも、この思考法は有効である。例えば、算数科では、いろいろな問題の解き方が出てくるが、それらをまとめて短く表すとき要約する思考が必要となる。面積や体積などの公式を求めるときなどが顕著であろう。また、社会科でも歴史の学習で人物がした政治を一言でまとめるようなとき、理科で考察するときに実験結果を踏まえてまとめるときなどに要約の思考法が必要となる。

⑥ 関連づける

国語科で、場面と場面を関連づけながら登場人物の心情の移り変わりを読み取ったり、算数科で同じ領域の学習でその考え方を関連づけたりする。また、社会科では事象とその理由を関連づけたり、理科で原因と結果を関連づけたりする。この関連づける思考法では、さらに細かく分けることができる。というのも、関連づける様々な関係があるからだ。前述の事象と理由の関係、原因と結果の関係の他、類似の関係、対比の関係などいろいろ考えられる。それらの関係をもとに関連づけていくことになる。

⑦ 類推する

算数科の同じ領域で、前学年までに学習したことをもとに、新たな問題を解くようなときにこの思考法を用いる。例えば、図形領域の体積を学習するときに、前学年で学習した面積の求め方における基礎単位を並べるという考え方から、体積でも同様の考え方で求めることができると考える。また、理科などでも同じ領域の学習で、既習事項から類推して仮説を立てることができる。さらに、国語科における比喩表現なども類推の思考を活用したものだと考えられ、類推的思考（アナロジー思考）と言える。

⑧ 総合的に見る

いくつかの情報や事実を、それぞれ個別に見るのではなく、大きなくくりで見る考え方である。場合によっては、カテゴリーに分けてまとめることもある。例えば、国語科の文学教材の学習で、登場人物の人物像を考えるようなとき、場面や出来事に限定するとその人物の断片的な姿しか読み取れない。しかし、全ての場面や出来事を総合的に見ることでその人物像がより確かなものとなる。また、社会科でも、歴史上の人物がしたことをそれぞれ断片的に見るのではなく、それらを総合することで真の姿が見えてくることになる。

⑨ 多面的に見る

一つの叙述や数式、社会的な事実や科学的な事象を、ある一つの方向から見るのではなく、別の方向から見たり考えたりする思考法である。例えば、理科の天気の学習で、黒い雲は雲の下から見れば色の問題となるが、それを横から見れば雲の厚さの問題となる。また、算数の求積問題で、凹型の図形の面積を求める場合、長方形の集まりと見る方法と、大きな長方形から欠けている長方形があると見る方法のような場合である。多面的に見ることで思考は広がり、多様化していく。

⑩ 多元的に見る

一つの叙述や数式、社会的な事実や科学的な事象を、同じ次元から見るのではなく、一つ上の次元から見るような思考法である。例えば、社会科で情報の学習で、新聞やマスコミ、病院での電子カルテや救急のシステム、など個別に調べた社会的な事象や事実が、より高い次元から見ると情報ネットワークという概念になるというような思考法である。また、道徳などで意見の対立が生じたとき、それらを解決するために別の次元からの意見を考える思考法である。このような思考法は、問題を解決するときに有効である。

以上の思考法は、単体として授業の中で活用されることもあるが、それぞれが関連しながら活用されることもある。大切なことは、教師が子どもたちの発言や対話の中にそれぞれの思考法を見出したり、活用できる思考法を見据えて授業を展開したりすることである。そうすることで、子どもたちの思考力が伸びる。

それだけでなく、それぞれの思考法の名前を教え、その方法を説明することも大切である。これが、授業の終わりに働きかける「意味づける」ことになる。そして、そのように意味づけられた思考法は、次回以降の一人学習や授業において子どもたちの考える道具となる。子どもたちは、この道具として獲得した思考法を用いて、より質の高い一人学習や授業をつくることができるのである。

Ⅲ

「参加―構成」型の単元モデル

1　「自分」を中核にした単元構想

(1)　「自分」から出発して「自分」に戻る

これまで、授業の一つの姿として、「参加―構成」型について説明してきた。そこでは、子どもたちが授業以前に自分なりの考えを持つこと、対話や話し合いをどのようにするのかや、具体的な教師の働きかけについて説明してきた。そして、単元を構想するときも、その「参加―構成」型の授業を想定したモデルを考えている。

その要点は、子どもたち一人一人の「自分」を大切にすること、子どもが夢中になって取り組める活動を用意すること、単元の出口となる主題を設定することなどがある。まず、「自分」を大切にすることから述べていく。それは、単元が子どもたち一人一人の「自分」から始まり、「自分」で終わるということである。

子どもたち一人一人が新しい教材と出会ったとき、そこには「内なる多声」を生む。このとき、それらは子どもたちのこれまでの学習や経験に基づいている。つまり、そのような学びの文脈で教材と出会うのである。そこから、学習の問題や課題を追求させて、「自分なりの考え」

を持つことが、「自分」から学習が出発することになる。

そして、学級の仲間との対話や話し合いを通して、より深い学びを形成していく。その過程を経て、最後の学習活動で、学んだことを「自分」に戻していく。この最後の活動は、表現活動が望ましいと考えている。最後に何かを表現するためには、それまでの学びが充実していなければならない。その必要性がそれまでの学習意欲や集中力を高めることになるからである。

このようにして、単元の流れは、「自分」から始まり、「自分」で終わることになる。ここで、その具体的な例として、四年生の国語科の「白いぼうし」を紹介する（表1・P．112）。

本単元は、文学教材である「白いぼうし」を読書活動と関連づけたものである。本作品の不思議さを読み取りながら、不思議なお話をできるだけたくさん読むということをねらいとしている。というのも、この教材に初めて出会った子どもたちは、少女の不思議さにまず目をつけるからである。そして、この不思議な出来事を、登場人物の優しさやユーモアが引き立てていることなどにも気づく。つまり、不思議さを中核に人物の心情や場面の様子を想像した多声が生じるのである。

それをもとに、お話の中には他にも不思議なお話がたくさんあることを確認し、それらをできるだけ読むことを推奨する。そして、それらのお話の不思議さを明らかにするために、「白

表1 「白いぼうし」の単元の流れ

<table>
<tr><th>学習活動</th><th>教師の働きかけ</th></tr>
<tr><td colspan="2">お話のふしぎさを見つけよう</td></tr>
<tr><td>1）2）音読を繰り返してお話の大体を把握し、ファンタジーの物語をたくさん読む。
3）4）お話の不思議さが分かる言葉を見つけ、ワークシートにまとめる。
（4時間）</td><td>・「現実―非現実」のファンタジー構造を理解させ。ファンタジー作品を探して読書できるようにする。
・ⅢⅣ場面からは不思議さを、ⅠⅡ場面からはそれにつながる言葉を探させ、それぞれの根拠をまとめさせる。</td></tr>
<tr><td colspan="2">ふしぎさをはっきりさせよう</td></tr>
<tr><td>○お話の不思議さを核として、自分なりの読みを交流する。

Ⅳ場面
・女の子の不在と蝶
・「よかったね」「よかったよ」
Ⅲ場面
・女の子の出現と不可解な言動
Ⅱ場面
・蝶を逃がしたことと夏みかん
Ⅰ場面
・母親や紳士に対する言動や思い
（4時間）</td><td>・各時間の流れは、①本時の学習内容の決定、②自分なりの読みの交流、③本時の振り返りとまとめ、とする。
・女の子の言動の不思議さを、男の子の言動と比較したり関連づけたりしながら、イメージ豊かに読むことができるようにする。
・女の子が消えたときの松井さんの心情から、「よかったね」「よかったよ」というささやきの不思議さを味わうことができるようにする。
・松井さんの優しい人柄が温かい不思議の世界を体験させてくれたことに気づくことができるようにする。</td></tr>
<tr><td colspan="2">ナンバー・ワンを決めよう</td></tr>
<tr><td>1）2）自分が選んだ物語の不思議さを伝え合って、クラスで一番不思議なお話を決定する。
（2時間）</td><td>・これまで学習してきたことを振り返らせ、蓄えてきた部品をまとめてお話マップを作成できるようにする。
・お話マップを鑑賞し合い、不思議さナンバー・ワンを決定できるようにする。</td></tr>
</table>

いぼうし」の不思議さを読解していく。ここまでが、一つ目の活動であり、そのテーマが「お話のふしぎさを見つけよう」である。この活動で、子どもたちは「白いぼうし」の不思議さやそれにつながる人物の行動や心情などが分かる言葉や叙述を見つけ、それを自分なりに読み取っていく。これが「自分」からの出発を意味し、一人一人の子どもたちは個別に自分なりの読みを形成していった。実際に子どもたちがワークシートに書いた読みも図1（P．114）で紹介する。このワークシートは、A4用紙を使用している。どの子どもたちも意欲的に、自分なりの読みを形成していったが、図1の子どもは、全部で8枚書いている。

二つ目の活動では、子どもたちが自分なりの読みを持ち寄り、場面ごとに対話や話し合い活動をして、読みを深めていく。今回は、不思議さが中心なので、子どもたちが一番不思議だと感じた最後の場面から学習を始めた。

子どもたちの対話による読解が終わり、三つ目の活動「ナンバー・ワンを決めよう」に移る。ここでは、これまで学習してきたことを振り返り、「白いぼうし」で明らかにしてきた不思議さを、これまで読み進めてきた読書活動に転移させる。そして、子ども一人一人が、自分が一番不思議だと思うお話を決め、それを紹介する「お話マップ」を作成した。それが、図2（P．115）である。この図は、図1のワークシートを書いた子どものものである。

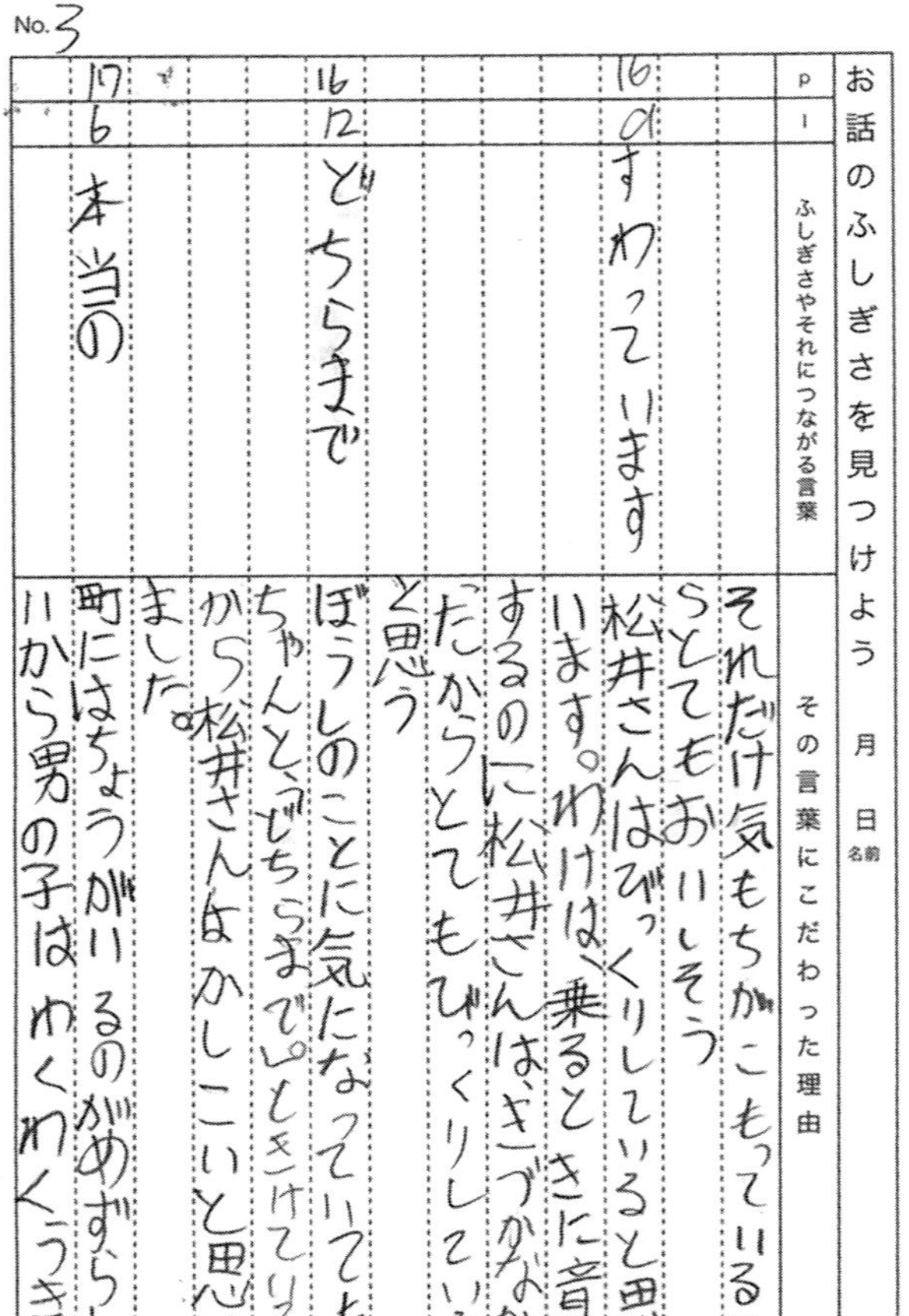

No.3

お話のふしぎさを見つけよう　月　日　名前

p	l	ふしぎさやそれにつながる言葉	その言葉にこだわった理由
16	9	すわっています	それだけ気もちがこもっているからとてもおいしそう松井さんはびっくりしていると思います。わけは、乗るときに音がするのに松井さんは、きづかなかったからとてもびっくりしていると思う
16	12	どちらまで	ぼうしのことに気になっていてもちゃんと「どちらまで」ときけているから松井さんはかしこいと思いました。
17	6	本当の	町にはちょうがいるのがめずらしいから男の子はわくわくうきう

図１　子どもの「自分なりの読み」の実際

この子どもは、単元の開始からここまでの学習の間に、全部で二十冊のお話を読んでいた。その中から、『ぼくもうなかないぞ』を選んで「お話マップ」にしている。このマップでは、「白いぼうし」で学習したファンタジーの入り口と出口などもきちんと理解して活用している。

このように、単元の最後には、自分の読みにまとめる活動をし、単元を終わる。子どもたち一人一人の自分の読みの完成は、単元の流れが「自分」に戻ってきたことを意味しているのである。最後に、お互いが書いた「お話マップ」を見合って鑑賞し、どのお話が一番不思議かということを決定した。

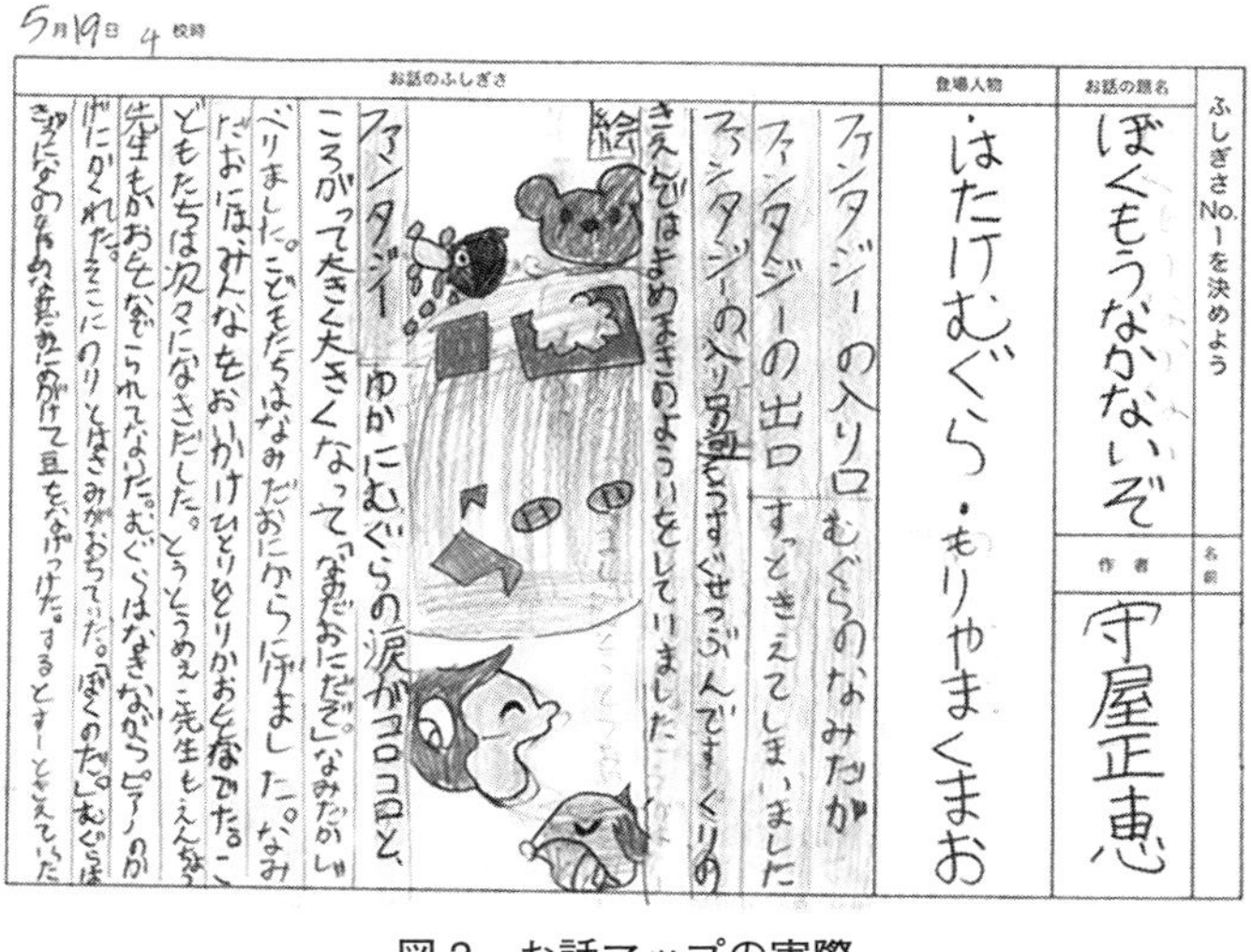

図２　お話マップの実際

(2)「自分たち」をくぐりぬける

子どもたちは、自分なりの考えを持って、授業に参加する。この自分なりの考えには、間違いや独りよがりな考えがあることも少なくない。例えば、国語科の自分なりの読みで、着目すべき言葉や叙述を間違えたり人物の心情を読み誤ったりする。また、算数科でも問題に対して分からないときもあるし、途中までしか説明できないこともある。社会科や理科でも、自分なりの考えが表層的で浅かったり、仮説が単なる思いつきだったりすることもある。

そのような自分なりの考えを正したり深めたりするために、対話や話し合いが必要となる。他者の発言を聞いて、自分では正しいと思っていたがこうなのかと修正したり、そんな見方や考え方があるのかと考えを広げたりできる。このような対話や話し合いで、「自分なりの考え」は「自分たちの考え」へと昇華する。つまり、「自分たち」をくぐりぬけることが必要なのである。

具体例として、算数の指導案を紹介する。表2は、二年生のかけ算の学習の指導案である。単元主題は、「九九たんけんたい出どう」と設定した。子どもたちが九九を探検する隊員になって、九九の謎やお宝を見つけるという学習内容である。

表２ 「かけ算」の単元の流

学習活動	教
九九の地図をよもう	
1）～3）九九の全ての段を繰り返して音読練習する。 4）九九の秘密を自分なりに考えて、ノートにまとめる。 （4 時間）	・すらすら読 練習させ、 る。 ・まずは、自分 えさせ、その えられるよう
九九のひみつをさぐろう	
○九九の秘密を交流しながら、それぞれの段を暗記する。 1）かけ算の意味について 2）9 の段の秘密 3）8 の段の秘密 4）7 の段の秘密 5）6 の段の秘密 6）ここまでの復習 7）5 の段の秘密 8）4 の段の秘密 9）3 の段の秘密 10）2 の段と 1 の段の秘密 11）ここまでの復習 （11 時間）	・各時間の流れは 容の確認、②自 流、③本時の確認 する。 ・自分なりの秘密を 意見を続けること 共有できるようにす ・いくつかの段の学習 を比較させて、かけ 増えていくことに気 きるようにする。 ・③の本時の確認では、 た秘密を振り返ると 段を覚える時間も確保 ・6）11）では、ドリルや問題集で計算練習することで、知識の定着を図る。
見つけたお宝をしょうかいしよう	
1）2）自分が一番気に入った秘密をお宝として、図に書いて紹介する。 （2 時間）	・これまで学習してきたことを振り返らせ、どの段でもいいから印象に残っている秘密を A3 用紙に書かせ、それを紹介できるようにする。

一つ目のテーマである「九九の地図をよもう」では、九九の全ての段をすらすらと読めるようにすることから取り組む。「しちは」や「ろっく」など、子どもたちに馴染みのない読み方があるからだ。すらすら読めるようになってから、自分なりに九九の秘密を探すという一人学習をした。ここで、子どもたちは「自分なりの考え」、つまり「自分なりの秘密」を見つけ出す。それを持って、二つ目のテーマである「九九のひみつをさぐろう」の活動に入る。

この二つ目のテーマの活動が「自分たち」をくぐりぬけることになる。このとき、子どもたちの学習意欲を高め、知識や技能を確かに習得させ、思考法を活用できるようにするために、学習内容を工夫している。それは、九の段から学習を進めるということである。

教科書の学習順は、五の段から始め、二の段、三の段……のようになっている。これは、子どもにとって簡単で理解しやすいものからという意図からであろう。そして、前半を終えて後半は、六の段、七の段……と進んでいく。つまり教科書は、易から難への論理で展開しているのである。

しかし、その結果、最初は簡単なので取り組みやすいが、それが後半になって難しくなり、七の段や八の段では意欲が低下するという問題を生むことになる。特に算数が苦手な子どもや集中力が持続しづらい子どもにとっては顕著であり、後半に行くほど意欲も習得も低くなってしまう。それが、七の段や八の段の記憶が曖昧になる原因だと考えている。

そこで、その問題を解決するために、九の段から始め、意欲の高いうちに難しいところを越えるようにした。実は、九の段には九九の秘密がたくさんあるというのもねらいの一つなのである。実際、子どもたちは、積の一の位と十の位を足すと九になることや、かける数が五と六を境に積の一の位と十の位が入れ替わること、かける数が一増えると積の一の位の数が一減ったり十の位が一増えたりすることなど、たくさん見つけて交流していった。

中には、無理やりこじつけた意見や間違っている意見も出てきた。それらは、子どもたちの発言で修正された。この過程が、まさに「自分たち」をくぐりぬけることであり、最後に板書に残った秘密が「自分たちの考え」となる。そして、授業の後半では、その時間で一番なるほどと思った秘密をノートに記入させ、教科書の練習問題に取り組ませた。授業の最後に、次の時間は「八の段の秘密」を学習することを伝えた。子どもたちの家庭学習は、八の段を暗唱してくることと、八の段の秘密を見つけてくることとなる。

以上のような展開で、指導案にある順でそれぞれの段の学習を進めていく。そして、最後に自分が一番お気に入りの秘密を「お宝」として、A3用紙に書かせ、それを互いに見合うことで、学習のまとめとした。単元自体は、かなり長いものとなった。この単元の流れを、子どももの考えの流れで見ていくと、まず「自分なりの考え」から始まり、それが「自分たちの考え」となり、最後に「自分の考え」となる。つまり、「参加―構成」型の単元モデルには、「自分なりの考え―自分たちの考え―自分の考え」という子どもの思考過程が含まれているのである。

(3) 「自分なりの考え―自分たちの考え―自分の考え」

「自分なりの考え―自分たちの考え―自分の考え」の単元構成は、三次構成である。第一次が「自分なりの考え」で、第二次が「自分たちの考え」、そして第三次が「自分の考え」である。これを子どもの学習形態で示すと、第一次が個別学習となり、第二次が一斉学習、第三次が個別後に一斉による学習となる。

第一次で、自分なりの考えを持たせるが、教科や教材によっては時間がかかることもある。そんなときは、第二次の家庭学習や朝の授業前の時間などを活用する。また、第三次の「自分の考え」では、個別学習で終わることもある。ここまで、国語科と算数科の単元構想を示してきた。ここでは、他教科や領域のものを紹介する。まず、社会科である。

本単元は、五年生の産業学習の工業について学習するものである（表3）。単元主題は、「日

表３ 「日本の工業」の単元の流れ

学習活動	教師の働きかけ
自分なりの絵コンテをつくろう	
1) 単元の流れを確認し、自分が調べたいことを決める。 2) ～4) それぞれの課題で一人学習に取り組む。 （4時間）	・これからの学習を概観し、四つの内容から興味のあるものを選ばせる。 ・自分の課題について、資料をもとに社会的事象とそれに対する自分なりの考えをノートにまとめさせる。
絵コンテを改良しよう	
1. 自動車工業について調べたことを交流して吟味する。 1) 組立工場の仕組みや工夫 2) 部品工場との関連 3) 世界とつながる自動車工業 2. 工業を支えることについて調べたことを吟味する。 4) 昔から伝わる工業 5) 中小工場の技術 6) 工業製品の輸送 3. 日本の工業の特色について調べたことを吟味する。 7) 工業生産の特色 8) 工業地域と工業地帯 9) 工業の盛んな地域の特色 4. これからの工業生産について調べたことを吟味する。 10) 持続可能な社会のための工業 11) 輸入の特色 12) 輸出の特色 （12時間）	・各時間の流れは、①本時の学習内容の確認、②自分なりの考えの交流と新たな問題の追求、③学習のまとめと振り返り、とする。 ・自分なりの考えの交流では、調べている子どもから発言させ、他の子どもはその考えに賛成かどうかで授業に参加できるようにする。 ・自分なりの考えの吟味では、賛成意見から進めて、新たな気づきを積み重ねながら、社会的事象の理解を深められるようにするとともに、疑問や問題についても考えさせ、社会的な思考力が身に付くようにする。 ・子どもから新たな疑問や問題が出ない場合は、教師から問いかけて考えさせ、学習が深まるようにする。 ・学習のまとめでは、板書を参考にしながら、初めて知ったことや考えをノートにまとめさせる。
ＣＭを完成させよう	
1) 2) これまでの学習を振り返りながら、自分の絵コンテを完成させる 3) 完成した絵コンテを互いに見合い、互いの良さを確かめる。 （3時間）	・これまでの振り返りを活用し、絵コンテを完成できるようにする。 ・完成した絵コンテを印刷して配布し、相互評価できるようにする。

本の工業のCMをつくろう」である。と言っても、本当にCMをつくるのは難しい。そこで、CMを想定した「絵コンテ」をつくることとした。そのねらいは、我が国の工業生産は国民生活を支える重要な役割を果たしていることを理解させるとともに、その発展を考えようとすることにある。そのために、我が国の工業生産の様子から興味のある内容について、統計や資料などを調べさせ、自分なりの考えをもとにした交流を通して、学んだことを「絵コンテ」で分かりやすく表現できるようにする。

単元の学習内容を「自動車工業」「工業を支える」「日本の工業の特色」「これからの工業」の四つに分類し、子どもたちが興味を持った内容を自らの課題とさせ、自分なりの考えが持てるように、一人学習をする。それが第一次の「自分なりの絵コンテをつくろう」である。

そして、第二次の「絵コンテを改良しよう」では、自分なりの考えを交流して、社会的事象を明らかにしたり、新たな疑問や問題への気づきから深く思考したりしながら、それぞれの内容を順に吟味していく。

第三次では、これまで学習してきたことをもとに自分の絵コンテを完成させ、それをもって「CMが完成」したこととする。この絵コンテには、具体的な社会的事象とそれらについて考えた思考も含まれる。この段階に至って「自分の考え」が定着する。そして、単元構想が、

「自分なりの考え―自分たちの考え―自分の考え」と進展していく過程となっている。

次に、理科の単元の例も示したい。六年生の教材「ものが燃えるしくみ」で、単元主題は、科学をネタにした実験をショー仕立てで見せるものである。この単元の内容は、ものが燃えるときの空気の働きや動きとその変化、いろいろな気体の性質である。これらを①すぐに消えるか燃え続けるか、②空気の動き、③燃える前と後の空気の変化、④燃える気体と燃えない気体、の四つのショーに編成し、単元主題とともに子どもたちに提示した。提示するときに、子どもたちがこれまでに燃焼について知っていることを確かめながら行った。そうすることで、押し付けがましい提示とならずに済む。

単元のねらいは、空気の変化に着目して、ものの燃え方を多面的に調べる活動を通して、燃焼の仕組みについて理解を図ることである。そして、実験に関する技能を身につけるとともに、より妥当な考えをつくりだす力や主体的に問題解決しようとする態度を育成することもねらっている。単元の流れは、表4の通りである。

第一次の「自分なりの考え」をつくる「自分なりのショーをつくろう」では、先の①から④までの中で、自分の興味のあるテーマを一つ選ばせる。そして、それを課題として仮説と実験

表 4 「ものが燃えるしくみ」の単元の流れ

学習活動	教師の働きかけ
自分なりのショーをつくろう	
1) 単元の流れを確認し、自分が調べたいことを決める。 ①すぐに消えるか燃え続けるか ②空気の動き ③燃える前と後の空気の変化 ④燃える気体と燃えない気体 2) 3) それぞれの課題で一人学習に取り組む。 (3 時間)	・これからの学習を概観し、四つの内容から興味のあるものを選ばせる。 ・自分の課題について、仮説、実験の方法、などをノートにまとめさせるが、自力で考えられないときは、教科書を参考にしてもよいこととする。
サイエンスショーをつくろう	
1) ものの燃え方 ・どんなときに消えるのか ・どんなときに燃え続けるのか 2) 3) ものの燃え方と空気の動き ・消えるとき、空気はどう動くのか ・燃えるとき、空気はどう動くのか 4) 燃える前と後の空気の変化 ・空気は変化しているのか 5) 6) 気体による燃え方の違い ・酸素、窒素、二酸化炭素はどうか ・空気中の成分 (6 時間)	・各時間の流れは、①本時の学習内容の確認、②自分なりの考えの交流と実験、③実験の結果と考察、とする。 ・それぞれの課題を選んでいる子から、自分なりの仮説や実験の方法を発言させ、それに反応することで交流できるようにする。 ・交流では、その実験が妥当で可能かということを話し合わせ、改良が必要であれば改良できるようにする。 ・交流の後、提案された実験を全員でやってみて、その結果から考察できるようにする。 ・学習のまとめでは、板書にある実験結果や考察を自分の言葉でまとめられるようにする。
サイエンスショーを発表しよう	
1) 2) これまでの学習を振り返りながら、サイエンスショーのシナリオを書く。 課外) 完成したシナリオをもとにショーを開く。 (2 時間と課外)	・これまでの学習のまとめを活用し、自分のシナリオを完成できるようにする。 ・理科の時間以外にショーの設定をして、実際に発表できるようにする。

方法を考えさせる。例えば、①はそのまま課題になるし、②なら「空気はどう動く?」のように課題化する。

このとき、自力で考えられる子どもはそれをノートにまとめさせるが、それが難しい子どもは教科書を参考にしてもよいこととする。しかし、教科書には、実験結果も考察も書いてあるので、教科書を参考にする場合は、本当にその結果になるのかどうかを検証するように方向づける。もっと言えば、教科書が正しいかどうかを確かめるようにもっていくのである。

第二次の「自分たちの考え」をつくる「サイエンスショーをつくろう」では、それぞれの課題について自分なりに立てた仮説や実験を交流して吟味する。まず、その課題について取り組んでいる子どもの発言から始める。それに賛成意見を続けながら、本当にそれで確かめられるのか、危険ではないか、別の実験はないかなどを検討する。そうして、全員が、その仮説と実験でよしと合意してから、全員で同じ実験をする。

このとき、実験が火を扱うものであることから、その安全性を第一に検討させる。どんなに仮説を検証することができる実験を考えていても、安全でない場合は実施させない。また、実験の技能も身につけさせたいので、できるだけ全員が、何らかの実験の操作ができるようにする。また、実験道具については、あらかじめ子どもたちの「自分なりの考え」を見ておいて用意することで、実験の準備がスムーズに行える。

安全性を確保して行った実験の結果をノートやワークシートに記録させ、自分なりの考察をまとめさせる。そして、それについても交流し、実験で明らかになったこと、仮説が検証されたかどうかなどを話し合い、自分たちの考察に高めていく。

第三次の「自分の考え」をつくる「サイエンスショーを発表しよう」では、これまでの学習を振り返らせて、第一次で選んだテーマでショーのシナリオを作らせる。シナリオはセリフとト書きから成り、セリフには説明や進行を、ト書きに実験の手順をそれぞれ書けるようにする。

そして、実際のサイエンスショーは、理科の時間以外に行う。そうすることで、他の学年の子どもたちにも見てもらうことができる。仮に、その時間が取れなくても、ショーのシナリオを書くこと自体が、これまで学んだことを整理して、表現することを目的に書いているので、「自分の考え」を形成することになる。

2 単元主題の設定

(1) 子どもが夢中になって取り組む主題

「参加─構成」型の単元モデルの要点の二つ目が、子どもが夢中になって取り組む主題を設定することである。ここでいう主題とは、子どもたちが活動するテーマであり、その活動は表現活動である。国語科であれば言語活動であり、算数科では数学的活動となる。そして、この活動は、単元全体を貫き、それらをテーマ化したものが単元主題である。これまで紹介してきた例をもとに、その単元の核となる活動と単元主題を示すこととする。

まず、国語科の「白いぼうし」単元では、お話の不思議さを明らかにしてマップで示すという活動を用意し、「決定! ふしぎさナンバー・ワン」という単元主題を設定している。算数科では、「かけ算」単元で、九九の秘密を探ってその中の一つをお宝として紹介するという活動を用意し、「九九たんけんたい出どう」という単元主題を設定している。そして、社会科の「日本の工業」単元では、絵コンテを描いてCMをつくるという活動から、「日本の工業のCMをつくろう」という単元主題を設定し、理科の「ものが燃えるしくみ」の単元では、サイエンスショーをつくるという活動から、「サイエンスショーを開こう」という単元主題を設定している。

以上の活動は、単元を貫くだけでなく単元の出口を示している。国語科ではマップによるコンテストであり、算数科では秘密を解明した中のお宝、社会科ではＣＭ（あるいは完成した絵コンテ）、理科ではショーのようにである。そして、これらをパフォーマンスと呼び、これをテーマ化した単元をパフォーマンス単元と呼んでいる。

このように、単元の出口を明確に示すことで、子どもたちの意欲は高まったり維持したりすることができ、夢中になって取り組むことができる。そして、これらの活動が子どもたちにとってリアルであること、つまり現実的なものであることが、子どもたちをより夢中にさせる。子どもにとってリアルであるということは、子どもたちの身の回りの、今、ここに存在することとつながりを持つことができるからである。

一方、パフォーマンスには、いつの時代、どんな場所でも通用するものもある。例えば、国語科の新聞や劇、算数科の解説書や問題集、社会科のパンフレットや理科の報告書（レポート）などである。特に、学習指導要領に挙げられている、言語活動や数学的活動、調査活動や実験・観察などがそうである。これらは、学習指導要領の性格上、ある程度一般性が必要で、次の指導要領改定までというある一定の期間、日本のどこでもできる活動なのである。しかし、それらは、子どもたちにとって魅力の薄いものであることも少なくない。

そこで、それらを含みつつ、今、ここにある社会や文化とつながる、子どもにとってよりリアルなパフォーマンスを用意し、単元主題を設定する。例えば、国語科だったらメールや声優、算数科ならパズルやナビゲーション、社会科ならＣＭやプレゼンテーション、理科ならモーターカー・レースや星空案内人のようにである。ただし、これらは、今の社会や文化にあるものであり、時代が変われば子どもたちにとってリアルではなくなることも考えられる。

それだけでなく、都会部と地方部といった地域や場所が異なれば、子どもたちにとってリアルでなくなることもある。子どもたちの身の回りにあるものが異なるからだ。したがって、単元主題を設定するときには、子どもを取り巻く社会や文化を、常に探らなければならない。そして、目の前の子どもたちにとって可能なパフォーマンスかどうか、夢中になって取り組めるパフォーマンスかどうか、見極めなければならないのである。

(2) 単元主題の例

ここでは、これまで実践したり考察したりした単元主題とパフォーマンスを、教科別に紹介したい。そして、分かりづらいパフォーマンスについては簡単に説明をしながら、パフォーマンスの実際を示すこととする。

① 国語科

表現する媒体をもとに分類している。文字を媒体とするものを「文字パフォーマンス」、音声に特化したものを「音声パフォーマンス」、より身体的、演劇的なものを「身体パフォーマンス」と呼び、表5のように例を示した。

「文字パフォーマンス」の中の「ウエ

表5　パフォーマンスの例（国語科）

身体パフォーマンス	音声パフォーマンス	文字パフォーマンス
・スピーチ ・ドラマ ・ストーリーテラー ・会話劇 ・動作劇 ・寸劇 ・レポーター ・朗読劇 ・トーク番組 ・クイズ番組 ・手袋シアター	・紙芝居 ・音読劇 ・ラジオドラマ ・声優 ・ニュースキャスター ・ペープサート ・ナレーション ・読み聞かせ ・パネルシアター ・エプロンシアター ・論文発表	・ウエビング ・お話マップ ・コンテ（絵コンテ） ・コメント ・ポップ ・本の帯 ・紹介文 ・推薦文 ・随筆 ・書評 ・論文やレポート

ビング」というのは、言葉と言葉を線で蜘蛛《くも》の巣のようにつないだものである。「音声パフォーマンス」の「パネルシアター」というのは、フェルト生地でできたボードに、同じくフェルトでできた登場人物を貼ったり剥がしたりしながら、演劇的に表現するものである。このときの身体性が貼ったり剥がしたりする程度なので、「音声パフォーマンス」に分類している。同様に、ボードの代わりにエプロンを使用する「エプロンシアター」も、「音声パフォーマンス」に分類した。

この表の中に「〜劇」が、いくつかある。それぞれについて簡単に説明する。

まず、「音読劇」は、音読中心であり文章や人物などで分担して、教科書を見ながら音読する。役割分担や順番が決まっているので、「劇」風である。次に、「会話劇」であるが、「お手紙」のような会話が中心であるようなお話で、会話以外の部分を省略した劇である。音読中心に劇化するのであれば「音声パフォーマンス」であるが、会話を暗記してセリフのように劇化すれば「身体パフォーマンス」となるだろう。そして、「動作劇」というのは、文章を音読する役割と身体表現する役割に分けて行う劇的表現である。身体表現の役割をする子どもは、パントマイムのように表現する。ただし、本文の会話は、セリフとして語るようにする。「寸劇」はコントとも呼ばれるが、お話の全部を劇にするのではなく、一部を短い劇にしたものをそう呼んでいる。最後に、「朗読劇」はリーダーズ・シアターと呼ばれることもあり、本文をそのまま朗読するように音声化し、それに身体的な表現も付加したものである。

これらの劇的表現の分類や棲《す》み分けは、著者が子どもたちと実践する中で定義づけたものである。したがって、これが絶対というものでもないし、別の意味や内容を子どもたちと共有すれば、その意味や内容の劇的な表現にすればいいだろう。

② 算数科

算数科では、表6で示しているが、分類するためのカテゴリーが明確になっていない。それは、まだ実践数が少ないことと、単元を構想するのに小さい、つまり時間数が少ない教材がかなりあることによる。

それでも、解説書や設計図などのように説明を中心とするパフォーマンスや、先生やマイスターのような専門家になるパフォーマンス、探検隊や探偵のように秘密や謎を探求するパフォーマンス、クイズやテーマパークのようなイベント系のパフォーマンスなどのカテゴリーが考えられそうである。

また、パフォーマンスの特徴から、どの単元でも活用できるものから、教材の特性によって限定されるものもある。例えば、ルートマップやナビゲーション、フローチャートなどは、筆算や計算のようにアルゴリズムが明解な教材に適している。

そして、テーマパークやお祭りのようなイベント系では、教材の内容が系統的に発展しないものが適しているだろう。例えば、四年生の「角と大きさ」のように、「角を測る」「角を描く」「角度を計算する」と、それぞれの内容が全く関係ないことはないが、ある程度独立している方が実践しやすい。それぞれの内容をイベント内のアトラクションや屋台などに設定することができるからである。

さらに、一つのパフォーマンスでも、いくつもの単元に活用することもできる。例えば、探検隊などは、「九九探検隊」とすることもできるし、「グラフ

表６　パフォーマンスの例（算数科）

- 解説書
- 新聞
- ガイド
- 問題集
- 絵本
- 設計図
- ルートマップ
- フローチャート
- 先生
- 博士
- マイスター
- フリップ
- 探検隊
- 探偵
- プロファイリング
- クイズ
- パズル
- パスポート
- マジック（手品）
- ナビゲーション
- テーマパーク…アトラクション
- お祭り…屋台

探検隊」とすることもできる。ただ、一つの学年で、毎回同じパフォーマンスを繰り返すというのは、子どもたちの学習意欲の面から考えて推奨できない。できるだけ、教材の特性に合わせながら、多様なパフォーマンスで単元を構想する方が良い。

そして、算数のパフォーマンスでは例として挙げていないが、国語科で紹介したパフォーマンスを援用することもできる。「絵本」などはその例であるが、他にも、「レポート」や「ニュースキャスター」「レポーター」などはそのまま援用できる。さらに工夫すれば、寸劇などの劇的表現もできるだろう。

③ 社会科

社会科では、表7で示している通り、「マップ」が多い。学習したことをもとに、お気に入りを紹介したり、観光案内をしたりするのに自作の地図をパフォーマンスとする。他にも、防犯や安全を示した地図、水の行方を示した地図なども考えられる。また、「白地図」に学んだことを書き込んでいくというパフォーマンスも有効である。

そして、産業や土地利用などを調べて、その特徴を紹介するというパフォーマンスもいろいろ考えられる。例えば、「広告」や「CM」「キャッチコピー」「動画」「プレゼンテーション」など、多様である。「民俗館」や「博物館」などは、それらを実際に作って、校内の一角に展示することを意味している。実物が展示できないときは、絵や写真などを掲示してもいい。

「テレビ番組をつくる」というのもパフォーマンスに挙げているが、時間があれば実際に撮影するが、時間がなければ、シナリオや絵コンテだけでも構わない。昔の実践であるが、情報産業の学習でテレビ局などのマスコミが取り上げられていた頃、テレビドラマを作成したことがある。このとき、ドラマ作成にどのような役割があるかを調べさせ、それぞれの役を分担し、実際に撮影して編集まで行った。このような活動は、子どもたちも夢中になって取り組むとともに、出来上がったドラマへの愛着も強かった。

表7 パフォーマンスの例（社会科）

・マップ（紹介、観光、安全、水の行方） ・パンフレット ・農業年間計画表 ・宣伝シール ・広告 ・スーパーマーケット ・防犯ウェブ ・民俗館 ・博物館 ・ゴミの分別表 ・避難所計画表 ・テレビ番組「昔の人はえらかった」 ・積層地図 ・白地図 ・キャッチコピー ・CM ・広告動画 ・プレゼンテーション ・情報活用ルールブック ・シナリオ「その時、日本が変わった」 ・関係図 ・相関図

社会科でも、算数科と同様に、国語科や算数科で紹介したパフォーマンスを援用することができる。実際に、表の例には、重複しているものもあるだろう。そして、「CM」や「テレビ番組」の代わりに、演劇的な活動をすることが可能だし、従来からある「紙芝居」や「新聞」なども活用できる。ところで、「積層地図」というのは、市販のものが安価であり、それを活用した。

④ 理科

理科のパフォーマンス例を表8に示した。大体右から三年生教材、四年生教材、五年生教材、六年生教材となっている。例えば、「図鑑」から「テスター」までが三年生で、「サイエンスショー」から「プログラミング」が六年生である。もちろん、中には、学年関係なく活用できるものもある。いくつか分かりづらいと考えられるパフォーマンスについて、以下に説明していくこととする。

「モーターカー・レース」は、四年生の「電気のはたらき」で実施したものである。このとき、学習には、市販の教材を用意した。その教材が最後にはモーターカーをつくるようになっていて、その車でレースをすることを目的に、電気の仕組みや回路について学習を進めた。

郵便はがき

料金受取人払郵便

本郷局
承認

3601

差出有効期間
2022年２月
28日まで

1 1 3 8 7 9 0

東京都文京区本駒込5丁目
16番7号

東洋館出版社
営業部 読者カード係 行

ご芳名	
メールアドレス	@ ※弊社よりお得な新刊情報をお送りします。案内不要、既にメールアドレス登録済の方は右記にチェックして下さい。□
年齢	①10代 ②20代 ③30代 ④40代 ⑤50代 ⑥60代 ⑦70代～
性別	男 · 女
勤務先	①幼稚園・保育所 ②小学校 ③中学校 ④高校 ⑤大学 ⑥教育委員会 ⑦その他（　　　）
役職	①教諭 ②主任・主幹教諭 ③教頭・副校長 ④校長 ⑤指導主事 ⑥学生 ⑦大学職員 ⑧その他（　　　）
お買い求め書店	

■ご記入いただいた個人情報は、当社の出版・企画の参考及び新刊等のご案内のために活用させていただくものです。第三者には一切開示いたしません。

Q ご購入いただいた書名をご記入ください

（書名）

Q 本書をご購入いただいた決め手は何ですか（1つ選択）

①勉強になる ②仕事に使える ③気楽に読める ④新聞・雑誌等の紹介
⑤価格が安い ⑥知人からの薦め ⑦内容が面白そう ⑧その他（ ）

Q 本書へのご感想をお聞かせください（数字に○をつけてください）

4：たいへん良い 3：良い 2：あまり良くない 1：悪い

本書全体の印象	4—3—2—1	内容の程度/レベル	4—3—2—1
本書の内容の質	4—3—2—1	仕事への実用度	4—3—2—1
内容のわかりやすさ	4—3—2—1	本書の使い勝手	4—3—2—1
文章の読みやすさ	4—3—2—1	本書の装丁	4—3—2—1

Q 本書へのご意見・ご感想を具体的にご記入ください。

Q 電子書籍の教育書を購入したことがありますか?

Q 業務でスマートフォンを使用しますか?

Q 弊社へのご意見ご要望をご記入ください。

ご協力ありがとうございました。頂きましたご意見・ご感想などをSNS、広告、宣伝等に使用させて頂く事がありますが、その場合は必ず匿名とし、お名前等個人情報を公開いたしません。ご了承下さい。

「サバイバル・ゲーム」は、四年生の「とじこめた空気と水」の単元で、学習の出口として用意したパフォーマンスである。空気鉄砲を使って、体育館に跳び箱などを障害物として用意したステージで、サバイバル・ゲームをする。弾の飛ぶ仕組みを理解したりより遠くまで弾を飛ばせたりすることが、ゲームを楽しむことになる。

「熱気球」というのは、ビニールのゴミ袋の中に暖めた空気を入れて熱気球のようにするという活動である。子どもたちはグループで、ビニール袋を支える子ども（上部二人、下部二人）とカセットコンロで暖める子どもに分担し、ビニールが一人で立つようになったときに一斉に支えを離す。冬の時期であれば、三～四メートルぐらい上昇する。

「ポスター」というのは、図工のそれではなく、

表８　パフォーマンスの例（理科）

- ・図鑑（植物、昆虫）
- ・観察日記、記録
- ・おもちゃ（ゴムや風の力、音）
- ・日時計
- ・集光機
- ・テスター（通電、磁力）
- ・モーターカー・レース
- ・星空案内人
- ・サバイバル・ゲーム（空気鉄砲）
- ・温度計（水）
- ・熱気球
- ・ポスター
- ・発芽ブック
- ・気象予報士
- ・ハザードマップ
- ・ふりこクイズ
- ・結晶づくり
- ・モーターづくり
- ・サイエンスショー
- ・人体のふしぎ展
- ・地層づくり
- ・てこを利用した道具の説明書
- ・プログラミング

ポスターセッションをするときに用意する資料のことである。模造紙やA３用紙に発表する内容をまとめさせ、それを用いてポスターセッションをする。また、その隣の「ブック」というのは、実験や観察して分かったことを冊子としてまとめるものである。市販の教材の中に、数ページ製本された無地の冊子があり、それを活用することもできる。

「ハザードマップ」は、五年生の「流れる水のはたらき」で、学習後に学びをもとに実際の校区の地図にハザード地域を赤で色づけするというものである。そこだけ色づけするのではなく、田は黄緑、山は緑、住宅は黄色のように色づけすることで、かなり見栄えがよくなる。

パフォーマンスとしては、挙げていないが、この他にも「ブーメラン」や「紙飛行機」「ペットボトルロケット」「空気砲」など、子どもたちが楽しんで取り組める科学実験がある。これらは、直接単元に組み込むことは難しいが、子どもたちの科学的な興味や関心、思考などを育むのに活用することができる。少し関連があるとすれば、「空気砲」や「ペットボトルロケット」であり、四年生の「とじこめた空気と水」単元でパフォーマンスとして用いることができるだろう。

⑤ その他の教科や領域

ここでは、これまで述べてきた以外の教科や領域について、単元主題がどのようなものであるかについて考えてみる。まず、生活科であるが、単元自体が活動中心となる。したがって、その活動がパフォーマンスとなり、単元主題に設定することができる。例えば、野菜を育てて収穫する単元であれば、収穫後の「パーティー」をパフォーマンスとし、「野菜パーティーを開こう」と設定できる。また、町探検の単元であれば、「探検」や「マップ」がパフォーマンスとなり、「町たんけんマップをつくろう」のような単元主題が設定できる。

次に、音楽科や図画工作科であるが、どちらも活動自体が表現活動となるので、それ自体がパフォーマンスとなる。そして、それらを発表したり展示したりする場も同様である。どちらを単元主題にしてもいい。前者だと「合奏しよう」や「楽器を演奏する友達を描こう」となり、後者だと「リコーダー発表会を開こう」や「春の絵の展覧会を開こう」となる。

同じように、実技が中心の家庭科でも、実技そのものも、そしてできたものを展示することもパフォーマンスとなる。運動そのものが単元の活動となる体育科でも、その運動自体や学んだことを発揮する場などをパフォーマンスとし、単元主題を設定することができる。例えば、家庭科であれば、「たまご料理をつくろう」や「エプロン展示会を開こう」のような単元主題が設定できるし、体育科であれば、「バスケットボール大会を開こう」のように設定できる。

しかし、教科化された道徳では、パフォーマンス単元を作ることは難しい。というのも、一時間一教材が原則なので、数時間にわたる単元を構想することが困難なのである。

3 活動テーマの設定

(1) 活動テーマとは

単元主題を設定したら、次に活動テーマを設定する。「参加—構成」型の単元モデルとして、単元を「自分なりの考え—自分たちの考え—自分の考え」という三次構成にすることを示してきた。この三次構成の一つ一つが、単元の具体的な活動であり、単元主題に到達するための活動である。それらの活動を具体化してテーマ化したものが、活動テーマである。

本章で紹介した単元の流れを例に示す。それぞれの活動の具体については、単元の流れの表を掲載しているところで述べた通りなので、そちらを参照してほしい。

国語科　四年生「白いぼうし」
単元主題「決定！　ふしぎさナンバー・ワン」
活動テーマ「お話のふしぎさを見つけよう—ふしぎさをはっきりさせよう—ナンバー・ワンを決めよう」

算数科二年生「かけ算」
単元主題「九九たんけんたい出どう」
活動テーマ「九九のちずをよもう―九九のひみつをさぐろう―見つけたお宝をしょうかいしよう」

社会科五年生「日本の工業」
単元主題「日本の工業のCMをつくろう」
活動テーマ「自分なりの絵コンテをつくろう―絵コンテを改良しよう―CMを完成させよう」

理科六年生「ものが燃えるしくみ」
単元主題「サイエンスショーを開こう」
活動テーマ「自分なりのショーをつくろう―サイエンスショーをつくろう―サイエンスショーを発表しよう」

右の活動テーマと単元主題とを見ると、活動テーマが一貫していて単元主題に直結していることが分かるだろう。例えば、国語科の「白いぼうし」で見ると、「ふしぎさ」が一貫しており、それを見つけてはっきりさせ、最後にナンバー・ワンを決定する。その決定が、単元主題そのものとなる。また、算数科の「かけ算」でも、探検隊として、地図を読み、秘密を探り、宝を紹介するというように一貫している。これらの活動が、単元主題の「たんけんたい」に直結するのである。以上のように見てくると、単元を貫く活動が明確で、単元主題に直結するものが活動テーマであると言える。

この活動テーマは、それぞれの学習内容を直接表す場合とそうでない場合がある。例えば、算数科の「九九のひみつをさぐろう」という活動テーマでは、子どもたちが学習する内容は九九の仕組みを理解することであり、学習内容を直接表していると言える。一方、社会科では、「自分なりの絵コンテをつくろう」や「絵コンテを改良しよう」という活動テーマで、子どもたちが学習する内容は興味のある事象を調べたり、それを交流して学びを深めたりすることであり、学習内容を直接表しているとは言えない。これは、国語科や理科でも同様で、例えば「白いぼうし」の「ふしぎさ」を見つけたりはっきりさせたりする活動テーマは、子どもたちが登場人物の行動・様子や心情を読解するという学習内容をそのまま表したものではない。

しかし、「自分なりの絵コンテをつくろう」と思えば、調べ活動をきちんとしなければならないし、「絵コンテを改良」するためには、交流活動で学びを深めなければならない。また、

「ふしぎさ」を見つけるためには自分なりに教材と向き合って読解しなければならないし、はっきりさせるためには交流を通して読みを深めなければならない。

このように見てくると、活動テーマは、子どもたちの学習の目的となっていることが分かる。それだけでなく、子どもたちの学習内容を促進させるものであると言える。なぜなら、活動テーマをより充足させようという子どもたちの意欲が高まるからである。その意味からも、活動テーマは、子どもたちの学習意欲を高めるものだと言える。

(2) 設定時の留意点

活動テーマを設定するとき、留意すべきことがいくつかある。活動テーマ設定のコツとも言えるし、ポイントとも言える。それらについて、以下に整理してまとめていく。

① 単元主題との関連を

単元主題を子どもたちにとってリアルなものにするために、実際の社会や文化にあるものを活用している。それらは、それら独自の下位概念やそれらに含み込まれる内容を持っている。その下位概念や包摂される内容を活動テーマに設定する。そうすることで、単元主題との関連やつながりが深くなる。

「劇」を例に考えると、そこには「シナリオ（台本）」「配役」「読み合わせ」「立ち稽古」「通し稽古」「リハーサル」などが含まれている。それらを活動テーマに活用していく。国語科の単元主題「音読劇をしよう」であれば、活動テーマは「シナリオ」を活用し、「自分なりのシナリオをつくろう―自分たちのシナリオをつくろう―シナリオを完成させよう」のように設定する。

また、算数科の「教科書ガイド」であれば、「例題」「図や絵」「解説」「練習問題」などが含まれている。単元主題が「教科書ガイドをつくろう」であれば、「自分なりの解説をつくろう―解説を改良しよう―教科書ガイドを完成させよう」のように設定する。

他の教科でも同様で、単元主題となる社会的・文化的な人・こと・ものには、それらに含まれる内容があるので、活動テーマを設定するときには、どんな内容が含まれているかということを洗い出したり考えたりする必要がある。そして、その中から、目の前の子どもたちが最も夢中になりそうなものを選び、活動テーマとして設定していくのである。

② テーマは子どもと一緒に

このような活動テーマやそれに該当する課題やめあては、学習の直前になって子どもたちに知らされることが多い。例えば、国語科で「お話の大体を把握しよう―場面ごとの登場人物の気持ちを読み取ろう―同じ作者の作品を読もう」のような学習課題を設定しているとき、第一次の学習に入るときに「お話の大体を把握しよう」を提示し、その学習をする。この段階では、子どもたちに第二次の「場面ごとの登場人物の気持ちを読み取ろう」は示されておらず、子どもたちは第二次の学習に入る直前に知らされる。第三次についても同様である。

このような単元の展開では、子どもたちの学習は受け身にならざるを得ない。また、各次で活動する内容のつながりも見出しにくい。気持ちを読み取って、どうして同じ作者の作品を読まなければならないのかという疑問が生じるのである。これは、活動テーマでも同様で、活動の直前に知らされたのでは、学習は受け身になるし、各次のつながりを実感することも難しい。

そこで、各次のテーマを単元導入時に、子どもたちに提示するという方法が考えられる。そうすれば、第一次のテーマが終わるときには、次のテーマを知った上で学習に入ることができる。つまり、子どもたち自らが、次に学習することを知っていることになり、活動に対する構えができていることになる。これが、子どもたちの学習を能動的にする。

それだけでなく、子どもたちが単元全体の流れを知っているということは、自らの学習についてモニタリングすることも可能となる。子どもたちは、自らの学習が単元全体の流れの中のどこかということを理解し、必要に応じて修正することもできるのである。

このようなあらかじめ教師が用意したテーマを知るだけでも、子どもたちの学習は受け身ではなくなるが、より能動的に学習できるようにするのが、活動テーマを子どもたちとつくるという方法である。

単元主題が、子どもたちにとってリアルなものであれば、その主題に含まれている内容についてもよく知っている。例えば、「ナビゲーション」なら「ルート選択」や「案内」「到着時刻」などを知っている。それらを子どもたちと確認しながら、活動テーマに活用すればいい。そして、「案内」を活用することとして、「自分なりの案内をつくろう―自分たちの案内をつくろう―ナビを完成させよう」のように活動テーマを子どもたちと一緒につくるのである。

もちろん、子どもたちが主題に含まれている内容を知らない場合もあるだろう。そんなときは、教師が、こんなのがあると紹介すればいい。紹介された内容でも、主題が子どもたちにとってリアルで興味深いものであれば、子どもたちは関心を持って受け入れる。

③　活動テーマは最後からつくる

単元主題が決まると、その主題に含まれている内容から活動テーマにふさわしいものを選び、活動テーマとして設定していく。このとき、単元の始まりから順につくる方法が一般的である。例えば、国語科の物語教材であれば、まずお話の大体を理解させて初発の感想文を書き、次に場面ごとに登場人物の心情を読み取り、最後に音読劇をしよう、のようにである。これらを学習課題やめあてとして「お話の大体をつかもう―場面ごとの人物の心情を読み取ろう―音読劇をしよう」と設定する。

このように設定した課題やめあては、読解学習の定型である「通読―精読―味読」という三読法の過程を援用している。その過程は、まず文章の大体を読んで、次に詳しく読んで、最後に味わって読むという論理に基づいている。したがって、先の課題やめあては、正統なものだとも言える。

ところが、子どもの側から見るとどうだろう。確かに、大体から詳細に読み深めていくということは理解できるだろう。そして、納得してその課題やめあてに沿って学習を進めていくこともできるだろう。しかし、学習や活動の魅力という点では弱く、子どもたちの学習意欲や興味を高めることは難しい。

　また、どうして音読劇をするのに人物の心情を読み取らなければならないのだろうと聞かれると、答えられなくはないが子どもたちにとって納得しがたい回答となりがちである。この第二次と第三次のつながりへの疑問と同様に、どうして最初にお話の大体を理解しないといけないのかという疑問も生じる。

　そこで、活動テーマを設定するときには、単元主題から遡《さかのぼ》って、最後からつくるようにする。先の国語科を例にすると、単元主題が「音読劇場を開こう」のように設定し、「音読劇」が出口であるなら、単元の最後となる第三次の活動テーマは「音読劇を完成させよう」となる。そして、音読劇を完成させるためにはと考える。シナリオが必要だと発想すれば、「シナリオをつくろう」と設定する。最後に、「自分なりの読み―自分たちの読み―自分の読み」の過程に当てはめて、「シナリオをつくろう」を「自分なりのシナリオ」「自分たちのシナリオ」のように二分する。以上を第一次から並べると、「自分なりのシナリオをつくろう―自分たちのシナリオをつくろう―音読劇を完成させよう」となる。

　また、他の教科でも同様である。例えば、五年生の理科「ふりこ」の単元で、単元主題を「ふりこクイズショーを開こう」と設定する。「クイズショー」を開くためには、ふりこクイズをショーのように収録しなければならない。そこで最後の第三次の活動テーマが

「ショーを収録しよう」となる。そして、収録するためには「ふりこクイズ」が必要となり、そこにクイズの問題と答え、それを検証することなどが含まれていることに気づく。ここでは、最初に問題が必要なのは当然なので、二つ目の活動テーマを「クイズの答えをつくろう」と設定する。そして、最初の活動テーマが、「クイズの問題をつくろう」となる。以上を第一次から並べてみると、「クイズの問題をつくろう―クイズの答えをつくろう―クイズショーを収録しよう」となる。

このように、活動テーマを最後から設定すると、第一次から順に並べたときに、スムーズに活動が流れることが分かるだろう。それは、活動テーマそれぞれが密接に、そして自然に関連しているからである。この密接さや自然さが、最初から設定していくときに生じるような疑問を防ぐことができるのである。また、それぞれの活動テーマが、単元主題に直結していることから、単元主題が子どもたちにとって魅力的であれば、それぞれのテーマも魅力的となる。それが子どもたちの学習意欲や興味を高めるのである。

さらに、この活動テーマを設定するときに、②で示した子どもと一緒につくるということも可能である。前述のように教師が自問するのを、子どもたちに問えばいいのである。例えば、算数科の四年生「角と大きさ」で、単元主題をテーマパーク「かくかくランドをつくろう」と設定する。テーマパークは子どもたちに人気の施設であり、子どもたちはすぐにそこで遊びたいと思ったり言ったりする。そこで、第三次の活動テーマを「かくかくランドで遊ぼう」と設定する。ここでの遊びは練習問題を解くというものである。そして、『遊ぶためには、何が必要ですか？』と問い、子どもたちに考えさせる。すると、テーマパークにはアトラクションがあることに気づき、二つ目の活動テーマ「アトラクションをつくろう」となる。アトラクションをつくるためにはと問えば、どんなアトラクションが必要か、自分はどのアトラクションがいいかなどに気づき、一つ目の活動テーマ「自分のアトラクションを決めよう」と設定できる。

もちろん、白紙の状態で子どもと一緒にというのは困難だろう。あらかじめ教師は、事前に用意した活動テーマを腹案として持っておく。そして、子どもたちと一緒に考えながら、子どものアイデアの方を活動テーマとして設定してもいい。そうすることで、子どもたちのテーマに対するこだわりを強め、学習意欲や興味を高めることができる。

Ⅳ

新たな教育モデル

1 「学ぶこと」と「教えること」の共鳴

(1) 「学ぶこと」と「教えること」

学校教育現場で、「学び」という言葉が一般的に用いられるようになったのは、そんなに昔のことではない。筆者の記憶が正しければ、平成十年代頃である。ちょうど平成十年に告示された学習指導要領の改訂と、時を同じくしている。このときの改訂で、「総合的な学習の時間」が新たに設置され、その学習内容や学習方法が話題となった。そして、その「総合的な学習の時間」では、子どもの実態に応じて、横断的・総合的な学習や子どもの興味・関心に基づく学習を行うこととなった。さらに、その学習では、子どもたちが自ら課題を見つけ、自ら学び、自ら考え、主体的に判断し、よりよく問題を解決する力を身につけさせることがねらいとなった。

この新しい「総合的な学習の時間」が登場したとき、子どもの興味・関心を大切にすることや、子どもたちが自ら学習していくことなどから、子ども中心主義的な学習と捉えられた。その自主的・主体的な学習の姿を「学び」と呼ぶことが増えていったと考えられる。

それ以来、「学び」という言葉が多用されることになる。一方で教師の教育的活動である「指導」や「教える」という言葉は、「支援」や「促進」という言葉に置き換えられて用いられたが、「学び」ほど多用されることはなかった。それは、やはり教師が学習における子どもたちの自主性や主体性に重きを置いてきたからであり、子ども中心主義への憧憬《どうけい》があったからであろう。

一方、「教えること」を話題にするときには、「教え込む」というイメージが先行する。この「教え込む」ということが、知識や技能を子どもたちに注入するという注入主義を想起させる。そして、その注入主義による様々な問題から、昭和五十二年の学習指導要領改訂で、「ゆとり教育」が登場するのである。「ゆとり教育」に対しても後に批判が出て修正されるのであるが、このような経緯により、注入主義に対する嫌悪感が生まれたと言えるだろう。

しかし、子どもたちが自主的に学ぶときも、教師はきちんと何かを教えているはずである。そうでなければ、授業や学習に教師は不要となってしまう。教師が不要な授業や学校教育は、存在しない。授業や学習において、教師は、子どもたちの興味や関心を見極めたり、子どもが自主的に学習できるような場を用意したり、子どもたちがより深く学べるように問いかけたりしているのである。

大切なことは、子どもたちの「学ぶこと」を論議するのであれば、それと同等に「教えること」も扱わなければならないということである。ただ、前述の注入主義的な「教えること」を復活させるのではなく、「学び」に相当する「教えること」を明らかにしなければならないのである。それは、新たな「教えること」を見出すと言ってもいいし、「教えること」を捉え直すと言ってもいいだろう。

このときに必要なことは、メタ認知である。メタ認知とは高次の認知であり、様々な分野で用いられている。ここでいうメタ認知とは、教師自身が思考や行為している自分を、対象として認知するということである。つまり、授業や学習の場面で、教師が自ら思考したり行動したりしていることを対象とし、そこから「教えること」を見出していく。別の言い方をすると、授業や学習で、「教える」行為をしながら、それを観察する自分がいるということである。つまり、「行為者」であるとともに、それを観察する「観察者」なのである。仮に、現在進行的な状況でなくても、自らの行為を客観的に観察したり、それについて思考したりしても構わない。大切なことは自らの行為の中にどのような「教えること」があり、より子どもの「学ぶこと」に資するのかということである。

このように「教えること」を取り上げるとき、教え方や教育技術を一般化することだけを目指すものではない。もちろん、一般化して共有できる方法や技術はある。ただ、その一般化だけに終始していては、子どもの学びの状況や流れ、文脈などを生かすことはできない。一人一人の子どもの「学ぶこと」を尊重しながら、「教えること」を捉え直すことで両者が共鳴し合う。そうすることで、子どもたちの学びはより深くなったり高まったりするのである。

また、この「学ぶこと」と「教えること」を、単に教師と子どもという関係だけでなく、子どもと子ども、子どもと環境（ひと・もの・こと）という関係まで、拡大して捉えることができる。つまり、「学ぶこと」が子どもに限定されず、「教えること」も教師に限定されないのである。子どもと子どもという関係であれば、一方が「教えること」を、他方が「学ぶこと」を、それぞれに担う。

そして、それは固定化されることはなく、前回は一方の「教えること」を担っていた子どもが、別の回には「学ぶこと」を担うこともある。このような柔軟な関係は、教師と子どもの間にも考えられ、子どもが「教えること」、教師が「学ぶこと」それぞれを担うということもある。大切なことは、「学ぶこと」と「教えること」の関係が固定化したり強化したりしないことである。そうならない、柔軟な関係を重視したい。

(2)「教えること」の明確化

「教えること」が注入主義として批判された背景には、その児童観や生徒観にあったと考えられる。それは、児童や生徒が元来無知で白紙の状態であるという考え方で、そうであるから知識や技能を伝達するというものである。ここでは、教師が子どもに教育的な知識や技能を与える道具として位置付けられがちである。一方、子どもたちは、ただひたすら情報を吸収することが期待されている、受動的な存在となる。このような教師と子どもの関係においては、教師の「教えること」は、知識や技能の獲得を基礎・基本としていかに効果的に確実に習得させるかということが重要になってくる。

この効果的に確実に習得させるということは、工業における大量生産を想起させる。そこでは、「目標・達成・評価」が主たる過程となっており、それは教育モデルとしてそのまま援用できる。つまり、「工業生産モデル」である。教育現場でも「目標・遂行・評価・改善」が重要であると論じられることが多く、その論はまさに「工業生産モデル」と同じであると言える。

しかし、教師と子ども、子どもと子ども、子どもと環境などの関係性に着目し、その連続としての学びの文脈に則り、一人一人の個性を見据えた教育は、「工業生産モデル」では対応しきれない。そして、ここで明確化しようとしている「教えること」も、「工業生産モデル」ではない、新たに構築される教育モデルの中に生まれてくる。そのモデルについては、後に詳述する。

では、その新たな教育モデルも見据えた「教えること」について、具体的に示していきたい。

① 社会や文化に参加させる

ここでいう社会や文化は、マクロな意味からミクロな意味までを含み込む。マクロな意味では、日本の社会や様々な文化、あるいはグローバリズムとも関連しうる人間の社会や文化だと言える。また、ミクロな意味では、学校や教室の社会や文化であり、教科書もその一つと言える。

これらに参加するというかかわりにおいて生まれてくるのが、子どもたちが習得する知識や技能なのである。この社会や文化に参加することなく、単に知識を暗記したりドリルなどで技能を高めたりすることだけを目的に学習させると、それらは受動的な学習となり、子どもの学習意欲も学習成果も低下する。そうではなくて、社会や文化とどのようにかかわらせ、そこで何を体験させたり経験させたりするかということが「教えること」となる。別の言い方をすると、社会や文化に参加していく状況をつくりだすことが「教える」ことなのである。

そして、このときに大切なことは、子どもたちが自分たちの学習が社会や文化とつながっていること、参加していることを意識できるようにすることである。子どもたちを社会や文化に参加させるだけでなく、「今、自分たちは、社会や文化の中にいる」と意識させることも、「教えること」なのである。

② 教師の多声性を活用する

学習の様々な状況に居合わせている教師は、その内面に様々な声を持つ。これを「教師の多声性」と呼ぶ。子ども一人一人の内面を推し量る声や評価する声、教科の論理の声、カリキュラムや単元構成からの声や、環境からの声など、様々な声を瞬時に持つ。そして、これらの声に応じて、教師は子どもたちに働きかける。多声性が豊かであれば、「教えること」も豊かになる。したがって、これは、教師の力量と直結すると言える。

その多声性をより促進させるために留意することがいくつかある。次に、それを示していくこととする。

まず、様々な関係性に着目することである。子どもの置かれている状況や関係性に着目することで、より多くの「内なる多声」を獲得することができる。もちろん、一人一人の子どもの個人の性格や問題を推し量る声も重要であり必要であるが、それだけに終始すると多声性は豊かにならない。それらに加えて、一人一人の子どもとひと・もの・こととの関係から、より多くの声を生み出すようにするのである。

次に、レトリカルな指導言を工夫することである。「内なる多声」をそのまま指導する言葉、つまり指導言化するのでは直接的すぎる。直接的すぎると、子どもたちの活動は受動的になる。そこで、指示のところでも示したような工夫に加え、比喩的な表現を活用する。

そして、カテゴライズによる多声も意識するようにする。カテゴリーをつくることで、その下位概念的に指導言が増える。例えば、子どもの声を大きくしたいとき、「身体的」「環境的」「関係的」というカテゴリーをつくることで、多声性が発揮され、指導言が増える。単に、「息をいっぱい吸って」という指導言しかなかったところに、「身体的」というカテゴリーをつくることで、「息をいっぱい吸って」「吸った息を一気に吐いて」「喉を開いて」「喉に力を入れて」「お腹《なか》に力を入れて」のように多声化できる。さらに、「身体的」

というカテゴリーから、他のカテゴリーを考察し、それに含まれる指導言を考察することで、より多様化する。

最後は、身体性の活用である。学習場面では、教師の態度や雰囲気、声の調子や視線など指導に有効である。これらをメタ的に認識し、子ども一人一人の学習状況に合わせて活用する。例えば、低学年の先生と高学年の先生では、身体の柔軟性が異なる。低学年の先生の方が柔らかいのである。これは、子どもたちの一般的な発達段階に合わせていることが考えられる。それらに加えて、教師の「内なる多声」に応じて身体を変えていく。そして、それに対する子どもたちのリアクションをもとに「内なる多声」を増やしていくのである。

③ 社会や文化で実践させること

子どもたちが、授業を通して学んだ内容や方法を、社会や文化で実際の行動にうつすこと、そうできるようにすることが「教えること」の中に含まれる。ここでいう、社会や文化は、①で示したものと同じである。そして、社会や文化で実践させるということは、表現活動に他ならない。多様な表現活動を用意することで、子どもたちは社会的・文化的実践を体験していることになる。

この表現活動を用意するとき、実際に表現することへの指導には注意が必要である。それは、教師が監督や演出家にならないということである。つまり、監督や演出家のように表現自体への指導は、「教えること」にならないのである。もし、そのような指導をしてしまうと、子どもたちの表現は、教師の意図に合わせるものとなり、固定化されてしまう。それでは、一人一人の子どもたちの表現の個性はなくなり、教師の価値を押し付けられることになってしまう。そして、そこでは、教師の言う通りにできるかできないかという価値しか生まれず、表現することの楽しさは二の次となる。さらに、言う通りにできないときは、表現することが苦痛にもなってしまう。

仮に子どもたちの表現が大人から見て稚拙だと感じても、その表現を受容する。そうすることで、子どもたちは、表現することの楽しさを理解するのである。別の言い方をすると、子どもの表現が「稚拙だ」「不足だ」という「内なる多声」を持たないようにする。

また、子どもたち一人一人の表現に対する評価の言葉にも注意しなければならない。特に、褒め言葉は、不用意に使うと危険である。というのも、一人の表現に対して、「今のがよかった」「それがいい」のように褒めると、それを聞いた子どもたちは、褒められようとその表現を真似《まね》るようになるからである。そうすると、結果的に、教師が価値あると思う表現に、子どもたちの表現が収斂《しゅうれん》されてしまう。

そこで、子どもたちの表現を褒めるときは、「今のもいいね」や「それもいいね」と言うようにする。「が」が「も」に変わっただけであるが、子どもの受け止め方は全く別のものとなる。それは、「それもいいということは、他にもいいのがあるかもしれない」「今のもということは、別のもいいかもしれない」のように、より良い表現を求めるようになるのである。

④ 子どもの意欲や自主性にかかわる

子どもたちが学習している状況を見ると、学習にどう取り組むか、他者とどうかかわるかなどが、学習内容・方法の獲得に深く影響している場面によく出会う。これは、学習に対する意欲や心情、そして自主性に関することだと言える。従来の教育モデルでは、これらの力については、結果論的に評価することが一般的だった。観点別評価の「関心・意欲・態度」がそうである。これらの評価は、学習の様子から、関心の強さや意欲の高さなどを測る。例えば、発表回数や家庭学習のやり方、ノートの提出、学習ぶりなどから、評価することが多かったのである。それに対して、これらへの指導は、つまり「教えること」は、注意と褒めることが中心だったと言える。別の見方をするとそれぐらいしかなかったとも言える。

そこで、子どもの学習に対する関心や意欲、態度に働きかけることを「教えること」として意識化する。実際、関心や意欲、態度がよくなれば、知識や技能、思考の力が向上する。その意味からも、「教えること」として、実践すべきことと言える。

まず、場や状況を設定することである。子どもが夢中になって活動する場や状況を設定するのである。その設定が「教えること」になるが、活動の事前に設定することもあるし、活動しながら設定することもある。前者は、どのように①の社会や文化に出会わせるかということであり、後者は子どもたちを夢中や本気にさせる言葉がけとなる。また、後者は子どもたちの学習ぶりに合わせて、場や状況を変化させるということも含む。

次に、子どもたちが自己決定や自己選択できるようにすることである。いつも子どもたち全員が同じ活動をするのではなく、子ども一人一人が自分のこだわりを持って選択できるような学習活動を設定する。仮に、同じ活動テーマでも、対象となる学習場面を一人一人に選ばせたり、決定させたりする。例えば、国語科の文学教材の学習において、「音読劇をつくろう」という単元主題で、「自分なりのシナリオをつくろう」というテーマで活動するときに、場面を選択させる。また、算数科の計算領域の学習において、「問題集をつくろう」という単元主題で、「問題をつくろう」というテーマで活動するとき、系統的に展開する学習の中から一つの局面を選択できるようにする。

このように、自己決定や自己選択させることで、子どもたちの関心や意欲、態度にかかわる力を伸ばすとともに、意志の力を育むことになる。そして、その意志の力は、より積極的に学習に取り組もうとする態度に深くかかわってくるのである。

⑤ 相互作用や関係にかかわる

一人一人の子どもが、自己、他者、教材、環境（社会や文化）とどのような相互作用をし、どのような関係かということに着目した「教えること」である。子どもたちは、常に相互作用を通して学習をしている。その相互作用や関係性に着目することで、新たな「教えること」が見えてくる。

まず、子どもと対象との関係や状況に働きかけることが考えられる。一般的に、学習の状況についてはその子ども本人や個人に原因を見出そうとしがちである。例えば、授業中に集中力が持続しないという状況があれば、その原因をその子自身に見出そうとし、その原因や問題を解決するように働きかける。もちろん、このような働きかけも「教えること」である。しかし、それだけでなく、その子の置かれている状況や、自己や他者、教材や環境との関係に着目し、それを変容させるような働きかけも「教えること」とするのである。先の例であれば、他者の数を一斉からグループやペアに変えてみるとか、教材との関係を魅力ある活動に変えてみるとかする。そうすることで子どもの問題を解決できるのである。

次に、一人一人の子どもが自分自身を、また他者や、他者との関係を認識できるような働きかけである。自分を理解させるということは、子どもの学習内容や学習方法を、そのプロセスを含みながら提示することである。例えば、国語科で初発の感想や一人学習で形成した一人読みなどを、何に着目してどんな内容をどのように書いたかを振り返らせる。そうすることで「自分はお話のこんなところに惹《ひ》かれていたのか」と自己認識できる。また、他者のものを読んだり、一斉学習の中で発言として聞いたりすることで、「○○さんは、そんなふうに考えるのか」と他者認識することができる。さらに、関係の認識については、活動後に、「○○さんの意見を聞くことで自分の考えが深まった」や「今の自分の考えに一番影響があったのは、○○さんの考えだ」のように振り返らせる。

そして、認識した自己や他者、他者との関係を受容できるように働きかけることも「教えること」に含みたい。右の自己認識や他者認識をした段階で、ある程度受容していると言える。ただ、認識には、ときに否定的な認識もある。例えば、「自分は、これだけしか考えられないのか」や「○○さんの発言は、あまりいいとは言えない」などの認識である。これらの否定的な認識は、頭ごなしに注意したり非難したりするのではなく、その子の認識に寄り添って共感しながらも、別の認識の方法があることを示していく。また、一斉学習の交流場面で、共感の仕方や相手を尊重した質疑応答や対立を指導していく。子どもたちは、その方法を援用したり活用したりしながら、自己や他者を受容できるようになる。

(3)「学ぶこと」と「教えること」が共鳴するために

「学ぶこと」と「教えること」、この二つが共鳴し合うために、留意しなければならないことがいくつかある。一つ目は、「学ぶこと」と「教えること」の相互作用に着目することである。この授業や学習で、子どもたちが「学ぶこと」は何だろうと考えることから、授業や学習の目的や目標が明らかとなる。しかし、一授業の中で、子どもたちが「学ぶこと」は、一つではない。より多くの学びがあるように、「学ぶこと」を多様に考えなければならない。そのように捉えると、単に知識や技能、思考や判断だけでなく、ちょっとした気づきも、目標に深くかかわる考えも、他者とのかかわりにおける認識も、「学ぶこと」である。それらを全て取り上げることはできないので、ここでは「学ぶ内容」と「学ぶ方法」についてまとめることとする。

「学ぶ内容」の中に、知識や技能、思考や判断が含まれる。と同時に、それらの知識や技能、思考や判断をどのように獲得するかという「学ぶ方法」も「学ぶこと」の重要な要素であると考える。例えば、国語科で登場人物の様子や行動、心情や人柄を読み取るとき、それら自体は、「学ぶ内容」となる。そして、それらを読み取る方法として、「叙述に着目する」や「別の言葉で言い換える」「視点に着目する」「レトリックに着目する」などが考えられる。これらも、「学ぶこと」として捉える。そして、それらをラベリングし（名付け）て、子どもたちの学びとなるようにする。この、「学ぶ方法」を指導するということが「教えること」となり、子どもたちが次の国語科の学習で、自らその方法を使えるようになっていくことが、「学ぶこと」と「教えること」が相互作用しているのである。

二つ目は、「学ぶこと」に「教えること」がどのように作用したかと思考することである。先の、「学ぶ方法」を教えることで学び方が変わった、のようにである。この思考は、授業中にも必要だし、授業後や単元終了時などにも必要である。授業中であれば、その作用やはたらきを即時に子どもに返すことができる。「この前学習したときの、『別の言葉で言い換える』方法で考えたんだね」や「行動が分かる『叙述に着目』したんだね」のように、肯定的な受容として子どもに返すことができる。それは、授業中に行う評価活動となる。また、授業後や単元終了後などに思考することも評価活動である。

三つ目は、「教えること」に「学ぶこと」がどのように作用したかと思考することである。子どもの学びは、単に一つのことを学ぶということは少ない。一つのことに気づき、その上で次のことを理解し、その理解をもとに学びを形成していくことの方が多い。この連綿と続く学びの文脈が、どのように「教えること」に作用するのかという考え方である。実際、授業をしているときに、子どもたちの学びの状況から当初予定していた流れを変更することは、多い。また、子どもの学びの文脈や状況を無視して、授業を進めることもないだろう。自然と、子どもたちの「学ぶこと」は、教師の「教えること」に作用しているのである。この作用を積極的に活用することが重要であり、そのためには、一人一人の子どもの内面を理解しようと努め、そこでどのような学びがどのように生まれて次につながろうとしているのかということを捉えなければならない。

最後に、「学ぶこと」と「教えること」の相互作用は、いつも顕在化しているわけではない。無意識のうちに、あるいは潜在的に作用していることがある。このような作用は、ヒドゥン化した相互作用と呼ぶことができる。例えば、「学ぶこと」と「教えること」との「間」がある。これは、武道でいうところの「間合い」に似ているが、ちょうど適切な「間」で、相互作用が働いているのである。また、相互作用の速さ遅さとなる「テンポ」も、例となるだろう。その他にも、時間的空間的なヒドゥン化した作用や、教師の人柄などもそれに含まれ、ヒドゥン化しているだけにまだまだあると考えられる。大切なことは、そのような隠れている相互作用も意識しようとすることである。そうすることで、「学ぶこと」と「教えること」は、より豊かに作用し合う。

さて、このような共鳴をより促すためには、前述したメタ認知がやはり重要である。「教えること」が教師の活動であることから、「学ぶこと」と「教えること」が相互作用している次元にいては、どのように作用し合っているかということを捉えるのは難しい。一つ上の次元から「学ぶこと」と「教えること」の相互作用を見る必要がある。慣れてくれば、授業や学習を進めながらメタ認知することもできる。しかし、慣れるまでは、具体的な方法を用いなければならないだろう。そのいい方法が、ビデオ撮影である。ビデオで撮影してそれを後で見ると、その授業における「教えること」も客観的に見ることができるし、「学ぶこと」と「教えること」がどのように作用し合っているかということも見ることができる。さらに、見るだけでなく、子どもや教師の発言を文字化したり、授業を見ていて気づいたことを記録したりするのも、自分の授業をメタ的に見るのに効果的である。

2 かかわり重視の教育モデル

(1) 新たな教育モデルの学力観

これまで、指導要録が改訂されるたびに、学力観が少しずつ変容してきた。児童中心主義の学力観の時代もあったが、それは後に学力低下という批判を招いた。それに反して、知識や技能重視の学力観の時代もあったが、詰め込み教育と批判され、校内暴力をはじめとする様々な学校問題が生じた。さらに、関心・意欲・態度を重視した新しい学力観が提唱された。何を重視するかという違いはあるものの、学力というとき、「知識」「技能」「思考」「関心・意欲」が観点となっていることには変わりがない。

しかし、大切なことはどの観点を重視するかということではなく、それぞれの観点をどう捉えるかということである。例えば、「知識」や「技能」については、無知な子どもたちに記憶を通して教養化するという捉え方がある。子どもたちの知らないことやできないことを、理解させたりできるようにさせたりするという考え方である。しかし、子どもたちは本当に無知なのだろうか。学校教育に触れる前から、家庭や近隣の生活経験があり、そこで様々な「知識」

を獲得している。

また、「思考」については、知識や技能を活用する力として捉えられがちである。算数科などでは、文章題を解く力が「数学的な思考」だと矮小化《わいしょう》される。それは、「思考」や「判断」という学力が、見えにくいからである。見えにくいというのは、なかなか客観視できないということである。しかし、見えにくくても、知識を獲得したり技能を発揮したりする過程で、必ず思考しているはずである。

見えにくい力と言えば、「関心・意欲」も同様である。その内実が曖昧で、単にやる気のあるなし、発表の多い少ない、家庭で自主的に学習するしないなどと考えられがちである。それは、この力が、学問的な力ではなく、情動的な力だからである。ただ、この力が、他の観点の力を獲得したり高めたりする原動力となる。

以上のような従来の学力観では、「学ぶこと」と「教えること」は共鳴しづらい。なぜなら、そこには様々で多様な関係性や状況が欠けているからである。子どもたちは、多種多様な人・もの・こととの関係や相互作用によって、「知識」「技能」「思考」「関心・意欲」などを獲得したり深めたり高めたりする。そこで、これらの学力観を含み込みながら、新たに捉え直した学力観が必要である。それは、子どもたちのかかわりを重視した学力観である。以下にそれそれの観点について考察していく。

まず、「知識」や「技能」であるが、これらは社会や文化との関係を見据えると、それら共同体に参加していく過程において生まれてくるものだと言える。つまり、白紙の状態に刷り込むように習得させるものではなく、社会や文化とのかかわりにおいて生まれてくるのである。実際、知識をただ暗記したり、ドリルなどで技能を高めたりすることだけを目的に学習させると、それらに社会や文化とのつながりを見出せず、受動的な学習となり、子どもたちの学習意欲も学習成果も低下する。

次に、「思考」であるが、これは社会や文化の中で具体的に実践することで、獲得できる力であると考える。具体的に実践するというのは表現活動を意味し、様々な社会や文化の中で表現することは、多様に表現することになる。その過程において、適切に表現することや多様に表現することを思考する過程で力となって身に付く。それは、別の言い方をすると、多様な表現を通した多面的なものの見方や考え方とも言える。また、表現する過程において、知識や技能を活用することもある。それらを活用して表現することそれ自体が思考していることなのである。さらに、その表現過程において、新たな問いを生み出すのも、そしてそれを追求することも思考する力と言える。

最後に「関心・意欲」であるが、これは社会や文化との関係において、情動的な力として位置付けられる。つまり、子どもたちの目の前の社会や文化にどのような興味を持つか、そしてそれらをメタ的に認識したり受容したりしながら、自らの責任においてどのように表現するかという力なのである。さらに、社会や文化との関係において、あるいはそこで表現することにおいて、「何が自分のためになるか」や「何がみんなのためになるか」を考える力でもある。

以上をまとめると、次のようになる。

「知識」「技能」……社会や文化という共同体に参加していくという関係性の中で創出・産出されるもの。
「思考」……………多様な表現を生み出すことや、表現自体を通した多面的なものの見方や考え方。
「関心・意欲」……社会や文化に参加していくときの情動的な力。

(2)　新たな教育モデルのカリキュラム観

カリキュラムというのは、教育の内容を計画的に配置したものを言う。教育課程や年間指導計画と同義で使われることが多い。そして、このカリキュラムでは、どんな内容をいつ、どのように（どんな順で）指導していくのかということが問題となる。このカリキュラムは、学習指導要領の改訂にも影響され、教科書作成などに反映されている。学校教育現場のカリキュラムが、かなりの部分教科書の年間指導計画に占められていることから、一般的なカリキュラムの実情について考えてみたい。

まず、国語科では、多種な作品を網羅しつつ、低学年から高学年へと簡単な読み物から複雑な読み物へと配置されている。そして、一年間に限って見ると、学期始めには音読教材や詩教材、学期終わりには読書指導教材が配置されている。また、同時期に同種の作品を扱うようになっていることが多く、螺旋《らせん》状に易から難へと展開されている。

次に、算数科だが、これも低学年から高学年へと、簡単なものから複雑で難しいものへと配置されている。そして、内容ごとに各学年を超えて系統的に配置され、前年度までの学習内容の上に新たな学習内容が積み重なるという特徴がある。これは、理科でも同様で、簡単で身近な科学的事象から複雑で学問的な科学的事象へと展開されている。そして、学年をまたぐ系統性も、算数科と似ている。

そして、社会科では、子どもの身近なものを中心に同心円状に社会的事象を広げていくように配置されている。産業や生活、政治などの事象が同様に展開されているのである。ただ、歴史的な事象については、時系列に合わせた順序で配置されている。

以上のように見てくると、他の教科でも同様であるが、「易から難へ」「螺旋状に」「系統的に」「同心円状に」などがキーワードとなりそうである。

これらのカリキュラムのキーワードは、ある程度普遍性があると言える。というのも、その背景には子どもたちの発達段階が考慮されているからである。しかし、子どもたちの現実とかけ離れている内容もある。それらは、学習指導要領の改訂で新たに付け加えられる場合や、教科中心的な発想から組み込まれる場合である。例えば、国語科で学習指導要領の改訂時に、古典教材を全学年に配置することが決まったときに、それまで高学年で学習していた内容をそのまま中学年に下ろし、中学校で学習していた内容を高学年に下ろしてきた。また、新たに教科化された外国語でも、学習内容の前倒しが起こっている。

しかし、古典であれば、お話の展開の面白さや言葉への知識がある程度ある中学年には、

「平家物語」や「枕草子」を、自分の考えがきちんと持てるようになる高学年で「論語」や「短歌」を学習するのに適している。また、外国語も単に前倒しするのではなく、言語への関心から、中学年では異言語どうしの共通性について、高学年ではその共通性を文法的なことへと広げていくのが適当ではないかと考えている。

同様の問題は、他教科でも見られる。例えば、算数科では「易」を考慮して、低学年の単元を小単元化している。実際は、まとめて単元化する方が子どもの興味も数学的内容とのかかわりの深さが増えることもある。それは、五年生の小数や分数の計算でも見られ、掛け算と割り算をそれぞれ別単元としている。これは、一つの単元とすると長くなりすぎるからだろう。

さらに、「易から難へ」「螺旋状に」「系統的に」「同心円状に」などのキーワードだけでは、そこに子どもたちのひと・もの・ことかかわりや相互作用、連綿と続く学びの文脈などが抜けている。それらを含み込む新たな教育モデルを次に提案したい。

① 子どもの学習意欲や自主性を中核にしたカリキュラム

子どもたちが夢中になって取り組めるような単元を配置することである。このとき、単元主題を何にするかが重要で、社会や文化とのかかわりを見据えて、子どもたちにとってリアルな主題とする。そうすることで、子どもたちの意欲が高まるとともに、学んでいる内容と社会や文化との関係を理解したり意識したりできる。そして、このような単元主題を途切れずに、これまで学んできた内容とこれから学ぶ内容を、子どもの学びの文脈として捉えカリキュラム化する。つまり、目の前の子どもたちにどんな力が必要で、どんなことに興味を持つのかということを、一つの単元だけでなく、単元と単元の関連で配置していくのである。

② 表現活動を中核にしたカリキュラム

表現するということは、自《おの》ずと他者や環境とかかわることになる。もちろん、一人で表現する楽しみもあるが、それとて自己とのかかわりである。つまり、表現することで、かかわりや関係性を重視することになるのである。表現活動も多種多様にあるから、それを採用する際には、①と同様に、子どもたちの実態をしっかりと把握する必要がある。ここでも、一つの単元だけで考えるのではなく、単元と単元の関連を見据えて、表現活動を選ばなければならない。

③ 思考の系統を踏まえたカリキュラム

キーワードの「系統的に」は、主に、子どもたちが学ぶ内容に対するものである。例えば、算数の掛け算であれば、二年生で九九、三年生で筆算、四年生で桁数を増やした筆算、五年生で小数の掛け算、六年生で分数の掛け算のように、学ぶ内容が学年を超えて系統的なのである。それだけでなく、数学的な思考も系統的にカリキュラム化しなければならない。そうすることで、子どもたちの数学的な事象や論理、他者や環境とのかかわりが深くなるからである。このことは、数学的な思考だけでなく、物事を認識する思考として系統化できる。それらは、「比較する」「順序立てる」「分類・統合する」「仮定する」「類推する」「多面的・多元的に見る」「総合的に見る」などである。これらは、このまま低学年から高学年へと配置できる。ただ、比較できるようになって、次に順序立てられるようになるというような系統ではない。それぞれの思考法をそれぞれの学年に応じて足し算的に系統化するのである。

④ 内容だけでなく、方法もカリキュラム化する

③の思考の系統化もそうであるが、学ぶ内容だけでなく、その学び方も含めて、カリキュラム化したい。具体的には、先の思考法であれば、それらの方法について理解させ、自力で活用できるようにするのである。その他にも、社会科であれば、「問題を見出す」「問題の解決を探る」「視点を変えて考える」などの方法を、理科であれば、「予想・仮説を立てる」「計画する」「実験・観察する」「結果に着目する」「結果から考察する」などの

方法を学ぶ対象とし、子どもたちが活用できるようにする。これらの思考法や学ぶ方法は、子どもたちの学ぶ道具となって、自主的に自力で学ぶ力が身に付く。この力は、自ら他者や環境、社会や文化とかかわりを持つ力となる。

(3) 新たな教育モデルの単元観

第Ⅲ章で、「参加―構成」型の単元モデルを具体的に紹介した。ここでいう新たな教育モデルの単元というのも、それを指している。そこでは、「自分」を中核にすること、単元主題や活動テーマの設定について説明してきた。ここでは、その単元モデルを一般的な単元モデルと比較しながら、考察していきたい。

一般的な単元モデルでは、「目標・計画―実行―評価」というのがよく用いられる。これは、まず単元の目標を設定して計画し、具体的な活動を通して実行する。そして、その結果を評価するというものである。しかし、このモデルは、近代の大量生産を目的とした工業モデルであり、工業生産モデルだと言える。

近代になって、大衆を対象に決まった内容を習得させるというとき、この工業生産モデルが採用された。一つの教室にたくさんの子どもや生徒を詰め込み、教師からの伝達や注入で学習させていくその姿は、まさに大量生産を彷彿《ほうふつ》とさせる。このとき、学びは均質で統一した規格で大量に生産される。

しかし、子どもたちは、一人一人個性があり、学習のプロセスや結果などは一人一人異なる。そのことを射程に入れない工業生産モデルでは、学校教育に様々な問題を発生させることになった。学習についていけない「落ちこぼれ」問題や校内暴力、不登校などである。また、このモデルが子どもの論理ではなく、教師や教材の論理に立っていることも問題である。

この他に、より子どもの論理に立った「つかむ―深める―まとめる・ひろげる」や、国語科の伝統的な読解単元モデルである「通読―精読―味読」など、多様な単元モデルがある。しかし、大切なことは、社会や文化、他者や環境とのかかわりを見据え、どれだけ重視してモデル化しているかということなのである。そうすることで、子どもたちの学ぶことへのリアルさかからの学習意欲の向上、社会や文化に開かれていく学びの広がりなどが期待されることは、これまで述べてきた通りである。

そこで、かかわり重視の単元モデルとして、「主題設定―探究・追求活動―表現」を提案する。これは、「自分なりの考え―自分たちの考え―自分の考え」と対応している。「主題設定」

と「探究・追求活動」の前半が「自分なりの考え」に相当し、「探究・追求活動」の後半が「自分たちの考え」に、そして「表現」が「自分の考え」にそれぞれ対応する。

「主題設定」は、社会や文化とのかかわりを重視する。主題を設定するときに、社会や文化の中からテーマ化することで、子どもたちにとってリアルな学習となる。自分たちの学習が、社会や文化の中でも実際にあることを理解することで、リアルな学習となるのである。そして、その主題に至るための活動が「探究・追求活動」となる。

「探究・追求活動」では、「自分なりの考え」を形成する段階と「自分たちの考え」に高めたり深めたりする段階がある。前者では、社会や文化と接している主題と、それにかかわる教材や事象と自己内において関係を持つことになる。つまり、「一人学習」や「一人追求」である。そして、後者は、「自分なりの考え」を持ち寄って他者である同じ学習をしている子どもや教師とかかわる。もちろん、このときも教材や事象とかかわっており、その際に文化や環境ともかかわっていることになる。そして、そこで吟味された「自分なりの考え」は、「自分たちの考え」に昇華される。

「表現」は、それを通して社会や文化で実践することで、「自分の考え」として定着させる。そして、先にも述べたが、「表現」それ自体が社会や文化、他者や環境と深くかかわっている。

以上のような「主題設定―探究・追求活動―表現」という単元モデルは、工業生産モデルとは大きく異なり、子どもたち一人一人の「自分」を中核にしていることから、子どもの個性を重視していることが分かるだろう。そして、その子ども一人一人の「自分」と、社会や文化、他者や環境と深くかかわり、それぞれと相互作用を繰り返しながら、学びを生成していく。

また、この考え方は、カリキュラム観とも関連している。というのも、一般的なカリキュラムが、「年間計画―実施―評価―修正」の過程をとることが多いからである。これでは、カリキュラムそのものも工業生産モデルとなってしまっている。それに代わるものとして、年間計画はあるものの、「主題設定―探究・追求活動―表現」という単元を一つずつ実施しながら、その都度子どもの学びを評価しつつ学びの文脈をつくりだしていく。そうやってできたものが、次年度の同じ学年の年間計画となるとともに、次の学年に進級した子どもが新たな年間計画に取り組むときに大切にしなければならない学びの文脈となる。

3　指導と評価の一体化

(1)　評価と評定

評価というと、単元後のテストの結果や学期末の通知表をイメージしがちである。それは、その段階で子どもたちの学びの度合いや程度を測って決定するというイメージが強いからであろう。確かに、これらは評価には違いがないが、指導と評価を一体化しようとすれば、また、子どもの学びを促す評価を期するのであれば、評価についてもっと多種多様に考えなければならない。

そして、通知表のような様々な評価を総合して決定するのを評定と呼ぶ。評定として一番分かりやすいのが、指導要録であろう。指導要録は、学校教育における一年間の子どもの学習や生活などを、様々な評価をもとに決定していく。それが、次の学年への橋渡しとなる。

多種多様な評価は、授業中であれば、何気ない言葉がけ、頷きや相槌、教師の表情やふるまいなども評価と捉えられる。子どもを励ましたり認めたりするような言葉がけ、子どもが発言しているときの頷きや相槌などは、いずれも子どもたちを評価している。

また、これらは、ＫＲ情報と呼ばれることもある。ＫＲ情報とは、Knowledge of Resultsの K と R をとってそう呼んでいる。そして、意味は、結果が正しいかどうかの情報であり、評価の情報である。授業の中の教師による様々な言葉がけやふるまいは、正しいかどうかだけの伝達ではない。それらも含み込みながら、正誤の情報も伝えることからＫＲ情報も評価だと考えてよいだろう。そして、これら細かな評価活動が、子どもたちの学びを促す効果があり、指導に役に立つ。

ところで、ここまでの評価活動は、教師が行う活動である。テストの結果や通知表などは、保護者も評価者となりうる。しかし、保護者の中には、それらの結果について積極的に評価活動をしない者もいる。時々子ども本人から、その実情を聞かされることがある。そういう保護者を積極的に評価者にしていく工夫については、後述したい。

教師と保護者、あるいは教師集団が中心の評価活動は、当然のように行われているが、より豊かで子どもたちの学びを促す評価にするためには、評価者を増やした方が良い。評価者を増やすことで、より多様な評価が期待できるのと、より学びを促すことができるからである。

そこで、考えられるのが、子どもによる評価である。まずは、その子ども自身による自己評価を積極的に取り入れる。方法は、いろいろ考えられる。観点を決めて１から５やＡからＤなどの指標を用意してマークさせる方法や、記述式の方法などである。前者の方法は、時間がかからないという利点があるが、細かな評価の内容まで記録できないという不利点がある。そして、後者は、その逆となる。

また、いつ評価するかということも、様々に考えられる。毎授業の終わり、活動のまとまり（活動テーマ）ごと、単元終了時、等々である。大切なことは、子どもたちが自ら自己評価できるようにすることであり、そのための工夫をすることである。

その例として、子ども自身に自己評価の指標を作らせることを紹介する。教材は、五年生の国語科「大造じいさんとガン」である。そして、図1の写真が、子ども自身が作成した評価の指標である。

一番上の四角囲みの中には、単元主題である「残雪とじいさんの戦いを実況しよう」を、そして三つのテーマの枠の中にはそれぞれの活動テーマを書き込んでいる。そして、「これができればＯＫ」の欄には、それぞれの活動で自分なりの到達目標を記入している。例えば、一つ目のテーマ「自分なりの実況をつくろう」では、『実況のために、気持ち、行動などが分かる大切な言葉をたくさん見つけられたらＯＫ』のようにである。二つ目以降も同様である。そして、活動テーマが終わるごとに、あるいは各授業後に、それらをもとに自己評価をする。

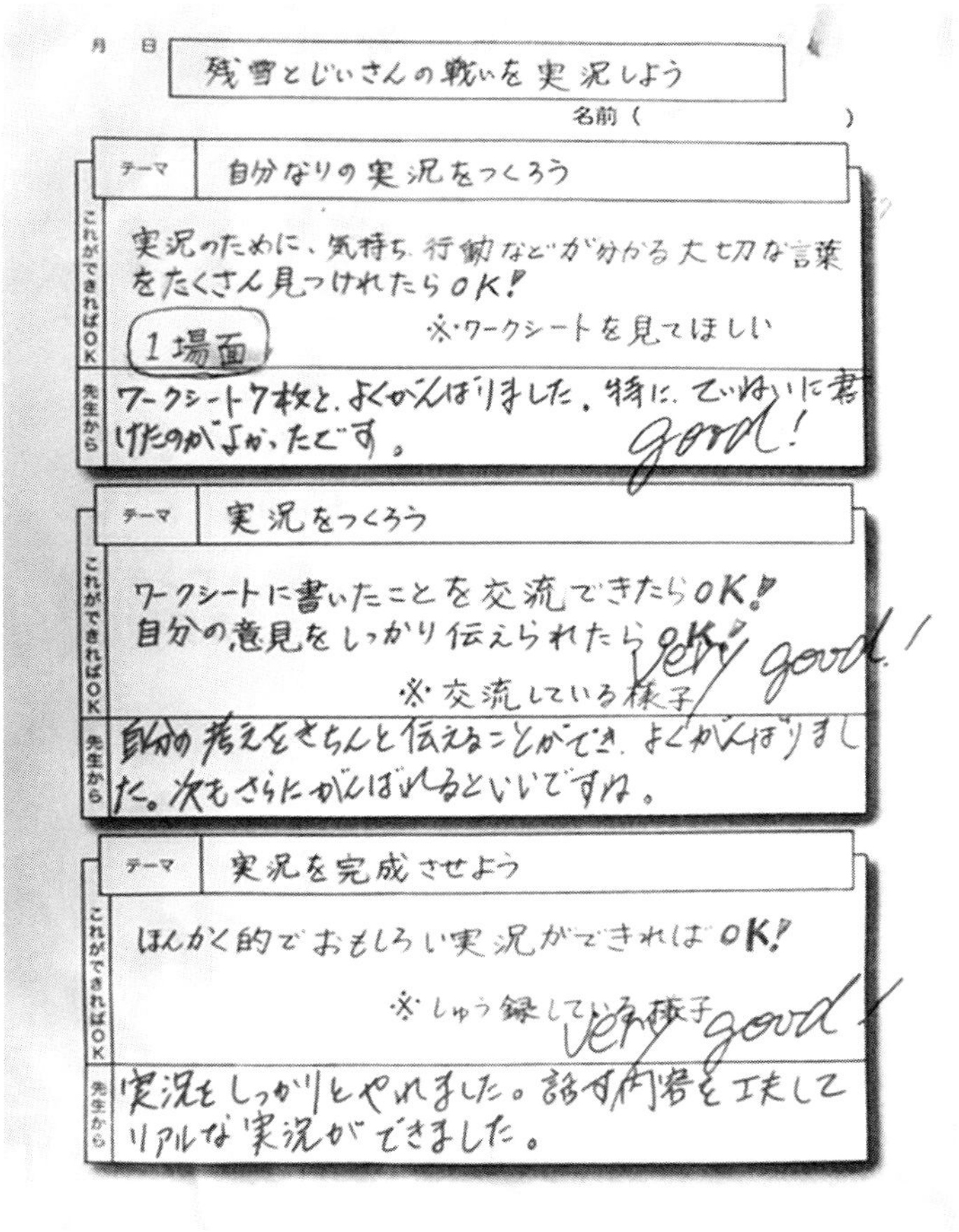

月　日
残雪とじいさんの戦いを実況しよう
名前（　　　　　）

テーマ	自分なりの実況をつくろう
これができればOK	実況のために、気持ち、行動などが分かる大切な言葉をたくさん見つけれたらOK! 1場面 ※ワークシートを見てほしい
先生から	ワークシート7枚と、よくがんばりました。特に、ていねいに書けたのがよかったです。 good!

テーマ	実況をつくろう
これができればOK	ワークシートに書いたことを交流できたらOK! 自分の意見をしっかり伝えられたらOK! ※交流している様子 very good!
先生から	自分の考えをきちんと伝えることができ、よくがんばりました。次もさらにがんばれるといいですね。

テーマ	実況を完成させよう
これができればOK	ほんかく的でおもしろい実況ができればOK! ※しゅう録している様子 very good!
先生から	実況をしっかりとやれました。話す内容を工夫してリアルな実況ができました。

図１　自己評価の指標

それが、振り返りカードとなり、そこでは、新たに学んだこと、感じたこと、思ったことを書かせながら、自己評価できるようにする。ちなみに、「先生から」の欄では、活動テーマごとの教師の評価を記入している。また、「※」では、何を評価してほしいかという評価の対象を、子ども自身が決定して記入している。

次に、自分以外の他者となる子どもからの評価である。これは、教師の評価以上に効果的なときがある。子どもたちは、他者から自分がどう見られているのかということを気にしがちだからだ。特に、高学年ともなると、前思春期を迎える子どもたちもいて、その傾向が強くなる。そんな中、他者から肯定的な評価を得ると、大きな自信になることは間違いない。その自信は、自己肯定感につながる。

しかし、ときには、否定的な評価を受けることもあるだろう。それらを悲観的に受け止めることなく、前向きに捉えて次への活力と転換できるように、教師は支えなければならない。また、否定的な評価より肯定的な評価ができるよう、それを見出せるように、指導しなければならない。

さて、保護者を積極的に評価者にしていく方法であるが、参観日や個人面談など、保護者が学校に来られるときを活用して行う。それを「カンファレンス」と呼んでいる。「カンファレンス」の本来の意味は、会議や協議である。子どもたちと教師と保護者の三者で、子どもの学びを話し合ったり協議したりする。

具体的には、学期末や学年末の参観日を活用して実践する。参観日の授業公開の前半か後半の時間を設定し、子どもが自分の保護者にこれまでの学びを説明する。図２の写真のように、保護者を子どもの座席に座らせ、側《そば》に子どもが立って説明する。その説明には、学びが分かるワークシートやノート、小テストや算数で説明に用いたＡ３用紙などを用いる。

このカンファレンスでは、次のようなこと

図２　カンファレンスの実際

をルールとして設定し、保護者の方々に理解してもらうようにする。それは、まず子どもの説明に対して、否定的な反応をしないことである。親子であるとつい照れが生じて、肯定的に受け止めることが難しい場合がある。そんなときでも、できる限り、肯定的に認めるようにお願いする。次に、他の子どもと比較しないことである。すぐ側で、別の親子がカンファレンスしているので、そちらの情報が耳や目に入ることがある。それらと自分の子どもの学びを比較すると、肯定的な受容が難しくなりがちである。同じ比較をするのであれば、最後のルールになるが、子どもの学びの最初と最後を比べ、その学びの伸びや成長を理解してもらうようにする。子どもの学びは学期の始めと終わり、学年の始めと終わりでは明らかに異なっている。その変容ぶりを子どもの説明から聞き取ってもらうのである。

参観日であるから、もちろん参加できない保護者も考えられる。そんなときは、近隣の保護者の方に自分の子どもともう一人を一緒に見てもらう。また、時間があれば、自分以外の保護者に説明することも行う。こうすることで、評価者はより多くなる。

(2) 評価の問題点

教育の評価には、様々な種類がある。その中でも戦後教育では、個人内評価を加味した相対評価と、目標に準拠した絶対評価が、主たるものであろう。相対評価とは、集団標準に基づいてテストの得点や成績評点を標準化する方法である。つまり、テストの結果を受験者全体の得点分布と関連させて示す方法である。一方、絶対評価とは、一定の到達基準と比較して、学習者がどこまで到達しているかを示す評価である。そのためには、目標を分析して明確化・構造化し、学習者が今どこに到達しているかを判断しなければならない。

この相対評価と絶対評価は、どちらにも利点と不利点がある。特に、ここでは不利点について示したい。相対評価は、集団標準に基づくため、その集団が異なる場合でも、同じような評価がされる。例えば、学力が高い集団における評価と、学力が低い集団の評価が、それぞれの得点分布と関連させるため、学力は異なっているにもかかわらず、同じ評価がなされてしまう。つまり、評価が同じB評価でも、実際の学力をそのまま示していることにはならないのである。また、この評価はテストを通して行うため、テストを通して見えやすい学力は評価しやすいが、思考力や判断力、関心や意欲などの評価は難しいという問題もある。そこで、個人の中での頑張りや学力を評価する個人内評価を加味する評価が登場してきた。その評価は、教科内に観点を設定し、それぞれの観点について他者との比較ではなく個人内の力や成長を評価するものである。

一方、絶対評価は、到達基準を設定するが、どこまで子どもが到達しているのかということを、客観的に評価することが難しい。評価者の主観が入りやすいのである。そうなると、先生や学校によって評価が大きく違うという問題が生じる。また、到達基準を設定しても、その基準を余裕で超えてくる子どもの力を評価することも難しい。到達基準を超える基準を設定していないからである。別の見方をすれば、到達基準を楽に超えているのだからそれでいいと評価しても、どれだけ超えているのか、どのように超えているのかは評価できない。さらに、その評価の基準を設定するのが教師であることから、その基準が子どもたちの外側に所与のものとしてあることも問題である。子どもたちは、どんな評価基準があるか知らずに、学習することになる。そして、その基準が自分自身に適切であるかどうかということも判断できない。

相対評価、絶対評価の他にも、パフォーマンス評価、オーセンティック評価、ポートフォリオ評価などがある。それぞれについて簡単に説明する。

まず、パフォーマンス評価であるが、子どもの学習の達成状況を、求める技能や能力を実際に用いることができるかを評価しようとするものである。ペーパーテストの問題によって評価するのではなく、実際に技能や能力を活用させる場を設定し、そこで評価する。国語科の作文や理科の実験の評価や、音楽科や図工科、体育科などの実技による評価などが、それに当たる。

次に、オーセンティック評価であるが、オーセンティック（真正）な文脈、すなわち子どもたちはリアルな課題に取り組み、そのプロセスで子どもたちが実際に用いる技能や能力を評価しようというものである。ややパフォーマンス評価と似ているが、「リアルな課題」というのが異なる。

最後に、ポートフォリオ評価であるが、ポートフォリオとは、もともとは書類を入れる紙挟みや、ファイルのことを言う。ファイルに学習活動の中で示した学習成果を示す事例や作品を入れて保存する。保存することが評価そのものとなり、学びの履歴となる。

これらの評価をうまく組み合わせることで、適切な評価ができると考える。特に、単元にリアルな主題を設定し、単元の出口を表現としている単元観では、オーセンティック評価を核にして、他の評価を組み合わせながら評価していくのがよいと考えている。その中でも、ポートフォリオ評価は、学びの過程や質を評価することができ、これまでの評価の問題点を解決することができるだろう。

(3) 細分化・精緻化モデルと抽出・整理モデル

教育における評価の問題は、教育が目指す目標との関連を抜きには考えられない。それは、教育が社会の制度であり、その制度のもとに実施され、設定された目標がどれだけ達成されたかということで評価されるからである。社会の制度であることから、社会や文化からの要求を目標とすることが常である。それを具現化したものが学習指導要領であり、そこに教育の目標が示されている。そして、各教科や領域の特性に応じて分けられ、それぞれの目標が設定されている。さらに、各教科や領域では、学年ごとの目標が設定されており、目標は次々と細分化されている。

一方、各学校では、子どもたちの実態から目指す子ども像が設定される。学習指導要領の目標が、教科や学問的なものであることに対して、こちらの目標は、子どもたちに具体的に実践するための目標だと言える。そして、その目指す子ども像と学習指導要領の目標を照らし合わせながら、具体的な各教科や領域の目標、各学年の目標が設定されることになる。

ここまでの過程で、社会的・文化的状況からの大きな目標から、教科や領域の目標、そして目指す子ども像を見据えた各学年の目標というように、目標は細分化されている。さらに、学年の目標から単元の目標へと細分化される。このとき、目標に準拠して評価の規準が作られる。そして、それぞれの規準のどこまで到達すればいいかという基準が設定される。これが、単元の目標に準拠した評価の枠組みとなる。それをもとにして、日々の授業の目標が設定され、評価活動も毎時間行われる。これらは、細分化することで、より精緻な評価をしようとしていると言える。そこで、このような評価の流れを「細分化・精緻化モデル」と呼ぶことにした。それを示したのが、図3である。

しかし、このモデルでは、社会的・文化的状況を判断したり目指す子ども像を設定したりするのは教師である。そして、単元の目標をはじめ、評価の規準や基準を設定するのも教師である。もちろん、その判断や設定時に子どもの状況や心情を鑑みて行われる。しかし、その目標

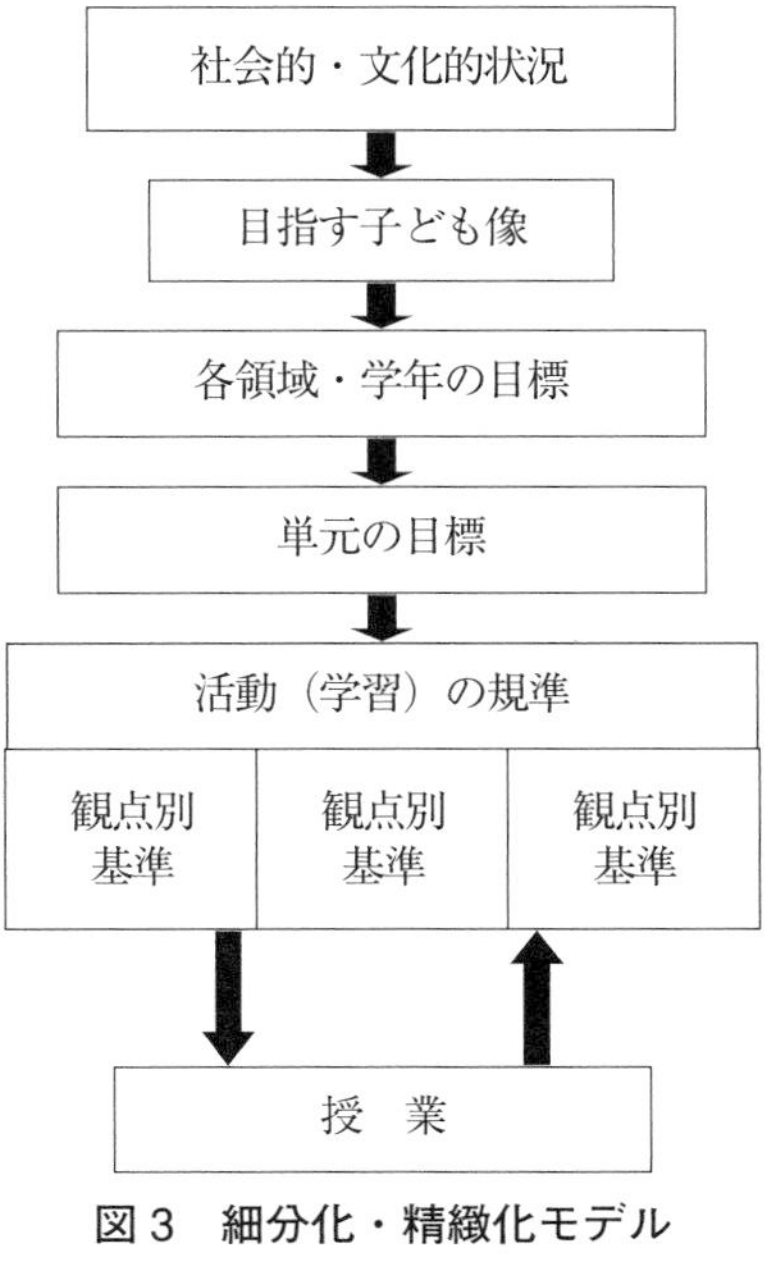

図３　細分化・精緻化モデル

や評価の枠組みは、子どもにとっては所与のものとして子どもたちの外側に存在することになる。それでは、前項で示した評価の問題は解決されない。

そこで、新たなモデルを創出した。教師や子ども、環境とのかかわりから生まれる授業の内実から、教師や子どもが評価できるものを抽出して整理していくモデルである。実際、授業をしていると、十分評価できる活動に出くわすことがある。それは、教師の予想や想定を超える思考や技能であったり、子ども同士も相互に認め合えるような発言や表現であったりする。それらを授業から抽出していく。その過程を示したのが、図4である。

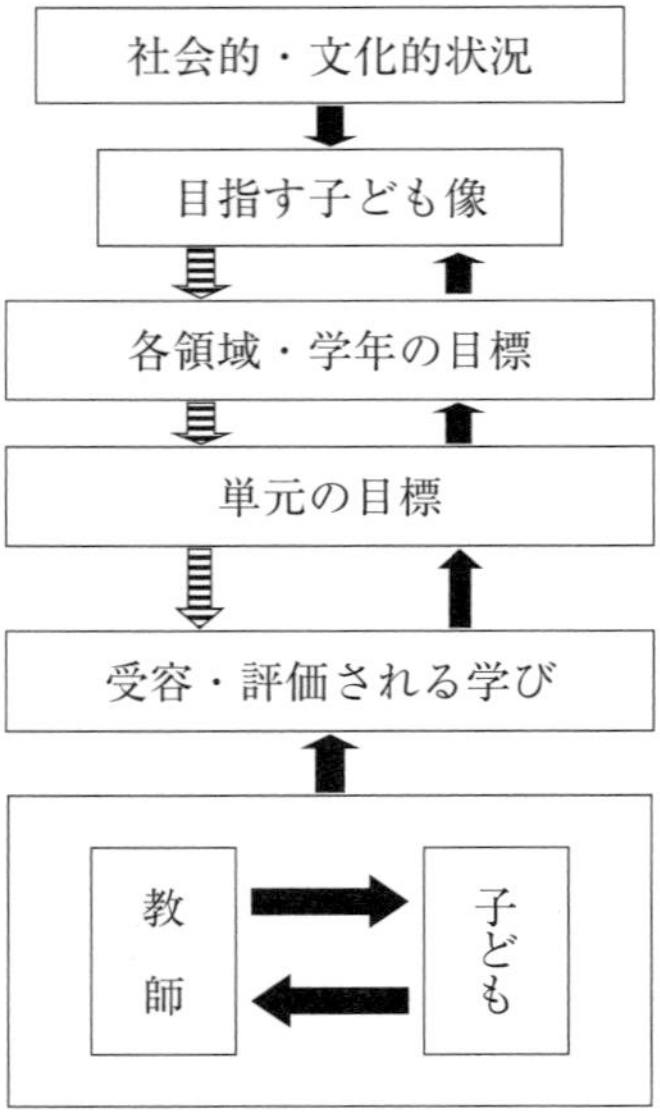

図4　抽出・整理モデル

そして、それを学習前に設定していた細分化・精緻化モデルの目標や評価の枠組みと照合したり、それらを更新したりする。さらに、更新された目標や評価の規準・基準は、次の単元や学年のそれらを設定するときに活用される。

この図の「受容・評価される学び」は、子どもたち周知のものである。それが目標や評価に反映されるということは、それらが子どもの内側にあることを意味している。また、教師の想定を超える学びも評価できるので、先の評価の問題を解決することも可能である。

ただ、この二つのモデルは、どちらかが優れていてどちらかだけでいいというものではない。両方をうまく組み合わせながら、子どもたちの学びが促されるような評価にすることが大切である。

(4)単元を評価してつなぐ

子どもの学びを評価しつつ単元を構想していくとき、図5（P.200）のような単元開発モデルになる。これは、単元と単元の関連部分に焦点化したモデルである。そこに、教師の評価と子どもの自己評価を組み込み、子どもの学びをもとに単元を評価していくモデルとした。

まず、子どもの社会的・文化的状況と学びの状況を把握して、単元を設定する。その際には、細分化・精緻化モデルで評価の枠組みを作り、評価を構造化して把握しておく。授業では、教師と子ども、子どもと子どもの具体的な営みを通して、学びを評価しつつ指導していく。その学びを子どもは自己評価したり相互評価したりし、教師は抽出・整理モデルで評価する。

そして、単元終了後、両者の評価をもとに、学びを評価することで単元を評価する。それを踏まえて、子どもの社会的・文化的状況と照らし合わせながら新たな単元を開発していくのである。

この図で特筆しておきたいのは、教科の目標だけから、子どもの社会的・文化的状況だけからではなく、日々の授業における子どもの学びから、単元を開発しようとしているのである。その意味からも、評価活動が重要になってくる。

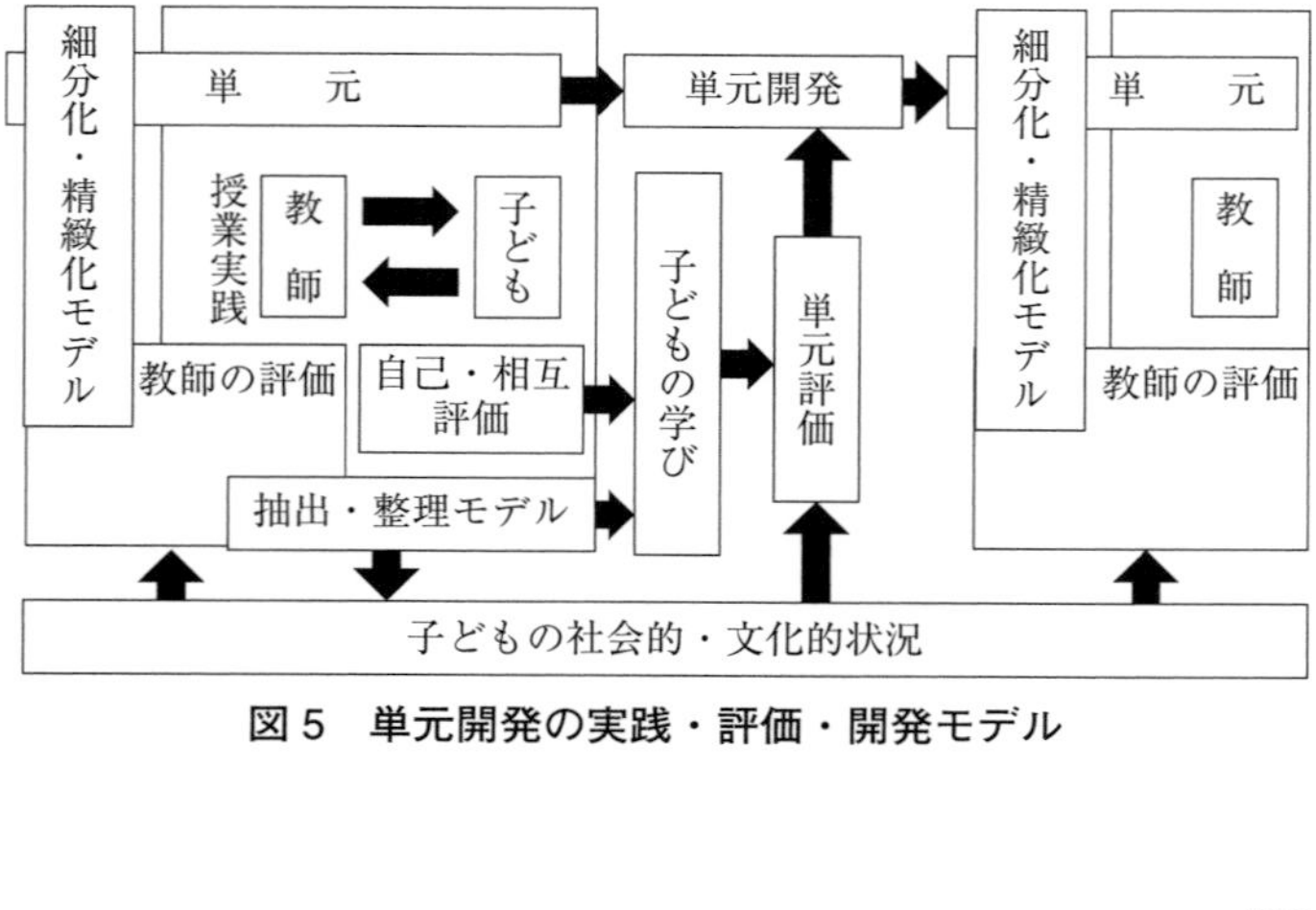

図５　単元開発の実践・評価・開発モデル

おわりに

一九五五年、小西健二郎氏の「学級革命」が出版された。この著作は、当時盛んに実践された、生活綴方教育の実践書である。生活綴方教育とは、子どもたちの日記や日々の作文を指導しつつ、子どもたちの生活の仕方やものの見方・考え方を指導したり育んだりするものである。

氏の「学級革命」でも、担任した学級の子どもたちの作文を紹介しながら、子どもたちの成長が記されている。それだけでなく、作文と話し合いで、学級の問題を解決していく過程が示されている。そして、それこそが、作文で学級を変革させていく「学級革命」なのである。

今回、本書を構想、企画したとき、これまで当たり前と思われている授業像を変革できるような内容にしたいと考えた。そして、その内容が単なる理想論ではなく、これまでの実践に裏打ちされたもの、これまでの実践から導出したものであることを整理してまとめたいと考えた。その象徴として、「革命」というやや過激な言葉を題名に用いたが、小西氏の「学級革命」という書名へのオマージュでもある。

以前、大学附属の小学校に勤務していたとき、ある研究発表会の分科会で、公開した授業の事後の検討を行っていた。その授業は、「パフォーマンス単元」で構成した一時間だった。授業者としては、「単元の最後にパフォーマンスを設定して、それに向かって授業を行なっているが、その授業自体は他の授業とそれほど違っているものではない」と思い、その旨を説明した。すると、参会されていたある先生が、『いえ、先生の授業は、発問が極端に少ないですよ。発問がなくても、子どもたちは話し合って読みを深めています。』と発言されたのである。その発言を聞いて、改めて自分の授業を振り返った時、確かにその先生のおっしゃる通りだった。

それを契機に「発問がなくても授業は成立するのではないか」と考え、実践を積み重ねてきた。その結果、「発問」が全く不要なのではないが、「発問」に変わる授業の構成要素を実践から抽出し、整理してきたのである。それを本書では、ある程度紹介できたのではないかと考えている。

今回、このような形で、一冊の著作物にまとめることができたのは、多くの方々の支えがあったからである。校内研修会に講師として参加させていただき、ともに研修させていただいた多くの先生方。たくさんの刺激を頂戴し、そこから新たな気づきや閃きを得ることができた。そして、それを本書にも活かすことができたのではないかと考えている。

また、本書の刊行に際し、東洋館出版社の畑中潤氏と齋藤博之氏には、細かいところまでご助言をいただいた。氏の適切なご指導がなければ、本書はならなかっただろう。記して感謝申し上げたい。

二〇二一年　五月

服部英雄

服部　英雄

公立小学校と大学附属小学校に勤務し、２０２０年度定年を迎える。その間、国語科を中心とした授業実践の研究を積み重ね、その成果を校内研修会や研究発表会の講師として広く伝えてきた。著書に、単著『活動する国語』三部作（東洋館出版社）の他、共著も多数ある。定年後も、教育実践を研究する者として、様々な研修会に講師として参加している。

授業革命

「発問－応答」型から「参加－構成」型へ

2021（令和 3）年 5 月 31 日　初版第 1 刷発行

著　　　者：服部英雄
発　行　者：錦織圭之介
発　行　所：株式会社 東洋館出版社
〒113-0021　東京都文京区本駒込 5 丁目 16 番 7 号
営業部　電話 03-3823-9206　FAX03-3823-9208
編集部　電話 03-3823-9207　FAX03-3823-9209
振替　00180-7-96823
URL　http://www.toyokan.co.jp
装丁・本文デザイン：藤原印刷株式会社
印 刷・製 本：藤原印刷株式会社

ISBN978-4-491-04553-5　　Printed in Japan